Nussknacker 1

Mein Mathematikbuch

Autoren
Annabel Kandel, Stuttgart
Manuela Mehl, Karlsruhe
Heidi Schmidt, Schorndorf
Mona Sommer, Stuttgart
Jannike Thomas, Lamspringe

Berater
Solveig Haegeler, Leipzig
Sandra Keuken, Stuttgart
Teresa Kunter, Herrenberg
Petra Manthey, Premnitz
Ruth Wörner-Ernst, Straubenhardt
Silke Weinert, Leipzig

Ernst Klett Verlag
Stuttgart · Leipzig · Dortmund

		Schülerbuch	Arbeitsheft	Testheft
Der Zahlenraum bis 10	Die Zahlen bis 10	4	2	①
	Links – rechts, oben – unten	6	3	
	Mehr – weniger – gleich viele	8	4	② ③
	Die Zahlen 1 bis 10	10	5	④
	Nachbarzahlen bis 10	20	10	
Mit den Zahlen bis 10 arbeiten	Zuerst 5	21	11	
	Anzahlen bestimmen	22	12	⑤
	Das Zehnerfeld	25	13	
	Zahlen zerlegen	26	14	⑥
	Ordnungszahlen	32	17	
	Zahlen vergleichen	33	18	⑦
	Wiederholung	34	19	
Förderheft 2–25	Rückblick	36		
Forderheft 2–10	Knobeln mit Formen	37	20	
Plus im Zahlenraum bis 10	Plus: Es werden mehr	38	21	
	Plusaufgaben finden und üben	40	22	
	Tauschaufgaben	42	24	
	Aufgabenrollen	43	25	
	Einfache Plusaufgaben	44	26	
	Ergänzen	45		
	Plusaufgaben und Ergänzen üben	46	27	⑧
Geometrie	Formen	47	28	
	Figuren legen	48	29	
	Muster	49	30	⑨
Minus und Plus im Zahlenraum bis 10	Minus: Es werden weniger	50	31	
	Minusaufgaben finden und üben	52	32	⑩
	Aufgabenrollen	54	34	
	Umkehraufgaben	55	35	
	Zahlenmauern	56	36	
	Minusaufgaben üben	57	37	⑪
	Wiederholung	58	38	
Förderheft 26–43	Rückblick	60		
Forderheft 11–22	Knobeln mit Formen	61	39	
Der Zahlenraum bis 20	Die Zahlen bis 20	62	40	
	Nachbarzahlen bis 20	64	41	
Mit den Zahlen bis 20 arbeiten	Zahlen bis 20 bündeln	65	42	
	Das Zwanzigerfeld	66	43	
	Zuerst 10	67	44	⑫
	Zahlen vergleichen und zerlegen	68	45	⑬
Plus und Minus im Zahlenraum bis 20	Große und kleine Plusaufgaben	70	47	
	Tauschaufgaben	71	48	⑭
	Große und kleine Minusaufgaben	72	49	
	Umkehraufgaben	73	50	⑮
	Aufgabenfamilien	74	51	
	Tabellen	75	52	
	Verdoppeln und Halbieren	76	53	
Geld	Geld: Cent und Euro	78	55	⑯
	Mit Geld rechnen	80	57	
	Wiederholung	82	59	
Förderheft 44–57, 64, 72, 73, 75–77, 79	Rückblick	84		
Forderheft 23–37, 47–49	Knobeln mit Zahlen	85	60	

		Schülerbuch	Arbeitsheft	Testheft
Plus mit Zehnerübergang	Plus: Rund um die 10	86	61	
	Plus: Zuerst bis zur 10	87	62	
	Plus: Rechenwege über die 10	88	63	
	Die 1 + 1 Tafel	89	64	
	Nachbaraufgaben	90	65	
	Plusaufgaben üben	91	66	
	Plus: vorteilhaft rechnen	92	67	(17)
Minus mit Zehnerübergang	Minus: Rund um die 10	93	68	
	Minus: Zuerst bis zur 10	94	69	
	Minus: Rechenwege über die 10	95	70	
	Minusaufgaben üben	96	71	
	Minus: vorteilhaft rechnen	97	72	(18)
	Plus- und Minusaufgaben üben	98	73	
	Gleichungen und Ungleichungen	100	75	
Geometrie / Raumgeometrie	Figuren legen	102	77	
	Muster zeichnen	104	78	
	Geobrett	105	79	
	Wege finden	107	80	
	Würfelhausen	108	81	(19)
	Wiederholung	110	82	
Förderheft 58–62, 65–69, 74	Rückblick	112		
Forderheft 40–46	Knobeln mit Blickrichtungen	113	83	
Plus und Minus im Zahlenraum bis 20	Aufgabenfamilien	114	84	
	Zauberdreiecke	116	85	
	Zahlenmauern	118	86	
	Zahlenfolgen	120	87	(20)
Kombinatorik und Zufall	Kombinieren	121	88	
	Zufall und Zufallsversuche	122	89	
Zeit	Die Uhrzeit	124	90	(21)
	Der Kalender	126		
Sachrechnen	Mit Fragen arbeiten	127	91	
	Mit Skizzen arbeiten	128	92	
	Mit Gleichungen arbeiten	129	93	(22)
Zahlen bis 100	Die Zehnerzahlen	130	94	
	Wiederholung	132	95	
	Rückblick	134		
Förderheft 63–74, 78	Knobeln mit Texten	135	96	
Forderheft 38, 39, 50–64	Basiswissen	136		

(T) Verweis auf Mein Testheft – zur selbstständigen Lernstandserfassung

Die Zahlen bis 10

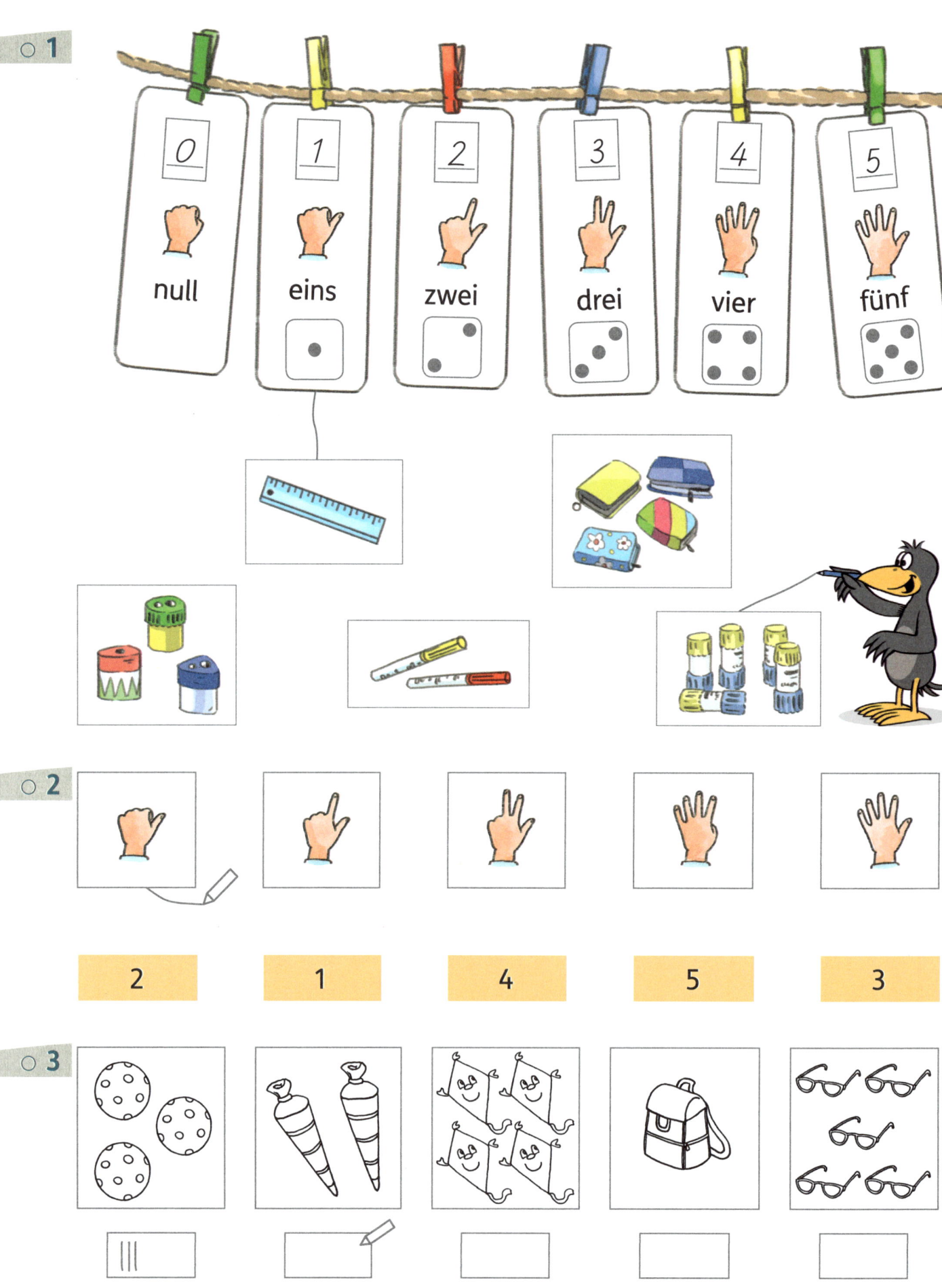

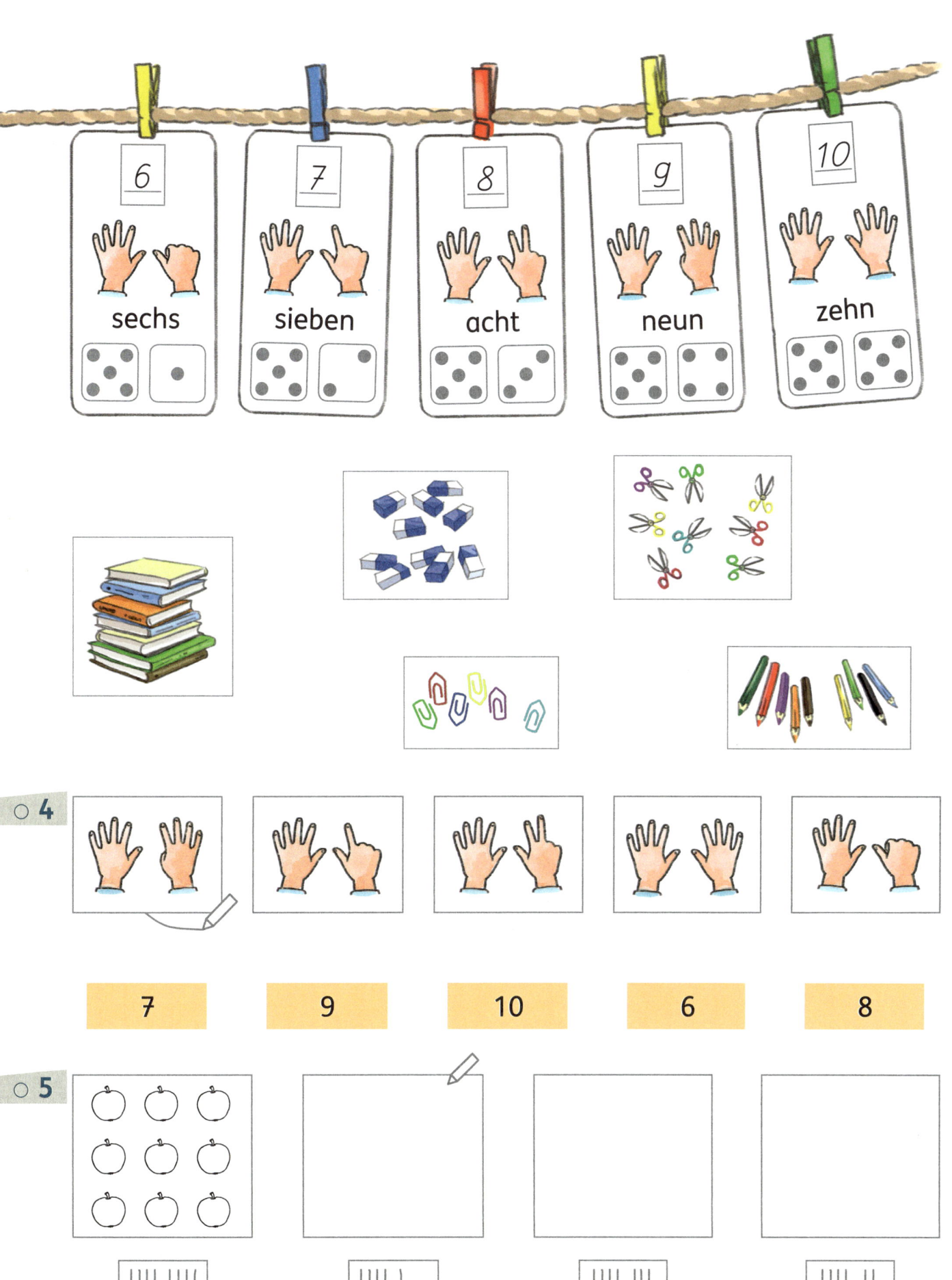

Links – rechts

1

2

3

4

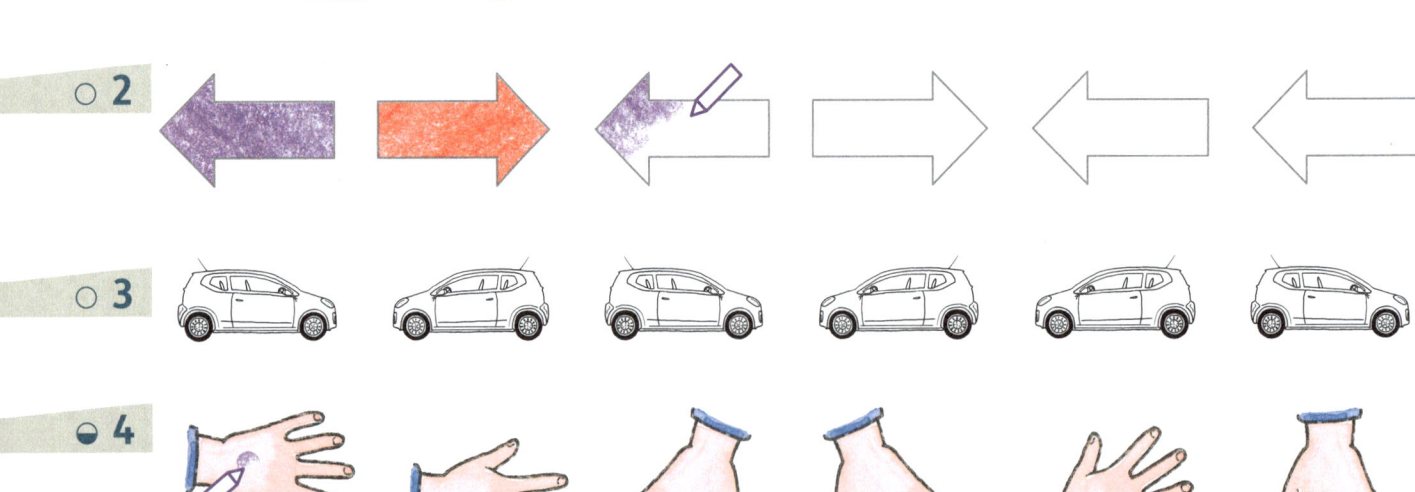

1 Gemeinsam über das Bild sprechen. Richtung der Personen, Tiere oder Dinge erkennen und das Feld in der entsprechenden Farbe ausmalen. 2, 3 Pfeile und Autos in der entsprechenden Farbe anmalen. 4 Linke/rechte Hand erkennen und entsprechend mit farbigem Punkt kennzeichnen. (Perspektivwechsel thematisieren.)

→ Arbeitsheft, Seite 3

Links – rechts, oben – unten

 1 Was ist wo?

links von
rechts von
oben   über
unten   unter
neben
zwischen

 2 Was ist wo? Male.

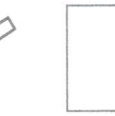

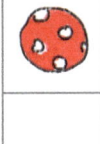

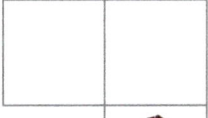

3

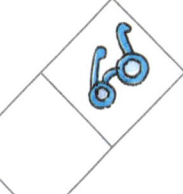

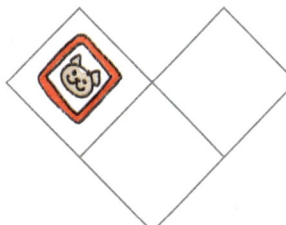

4

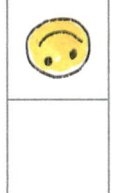

1 Situation im Klassenraum nachspielen. Lagebeziehung von Gegenständen im Raum sowie aus verschiedenen Perspektiven und bezüglich des eigenen Körpers beschreiben (rechts, rechts von, links, links von, über, unter, auf, hinter, vor, evtl. neben, zwischen). 2–4 Lage der fehlenden Bilder beschreiben und zeichnen.

→ Arbeitsheft, Seite 3

Mehr – weniger – gleich viele

○ 1

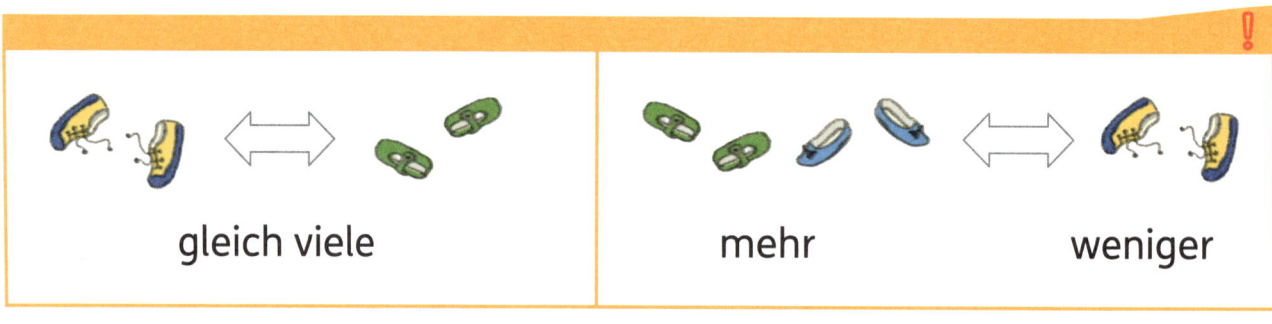

| gleich viele | mehr | weniger |

○ 2

◐ 3 Wo ist mehr?

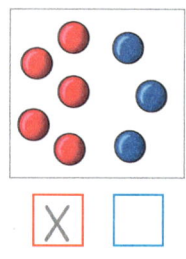 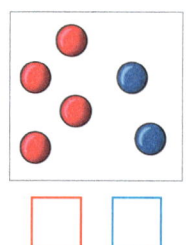 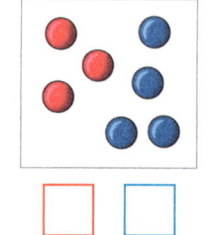 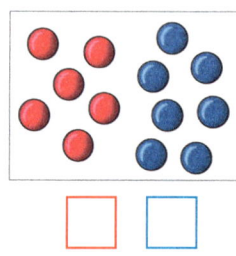

☒ ☐   ☐ ☐   ☐ ☐   ☐ ☐

1, 2 Die Beschreibungen „mehr", „weniger" und „gleich viele" kennenlernen. Mengen durch 1:1 Zuordnungen vergleichen.
3 Mengen vergleichen und entscheiden, wo mehr ist.

→ Arbeitsheft, Seite 4

Mehr – weniger – gleich viele

○ **1** Wo ist mehr?

○ **2**

○ **3**

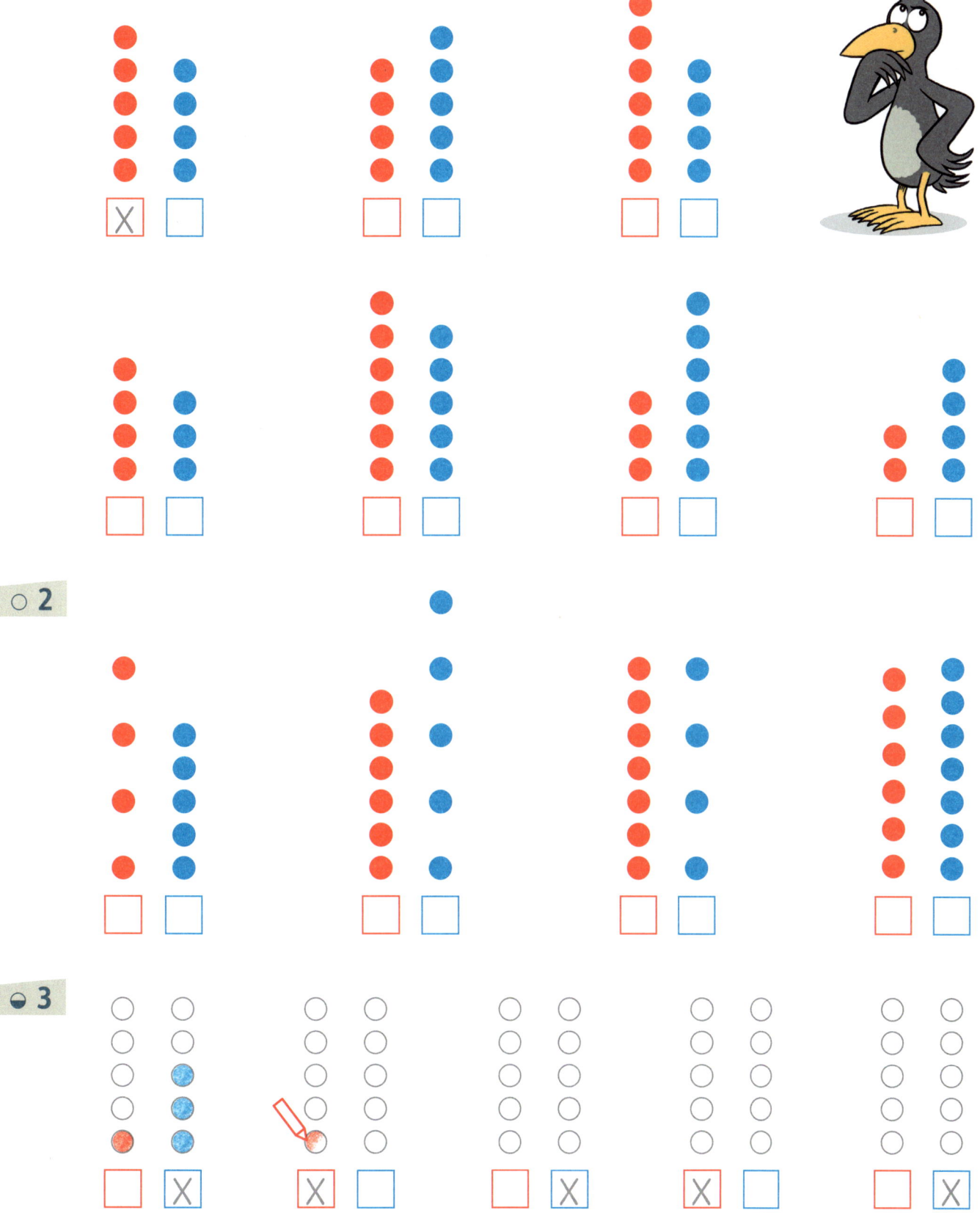

1, 2 Mengen vergleichen und entscheiden, wo mehr ist. Als Hilfestellung können die Plättchen durch 1:1 Zuordnung miteinander verglichen werden. Aufgaben bei Bedarf mit Plättchen nachlegen. **3** Unterschiedliche Mengenverhältnisse zeichnerisch darstellen.

→ Arbeitsheft, Seite 4

Die Zahl 1

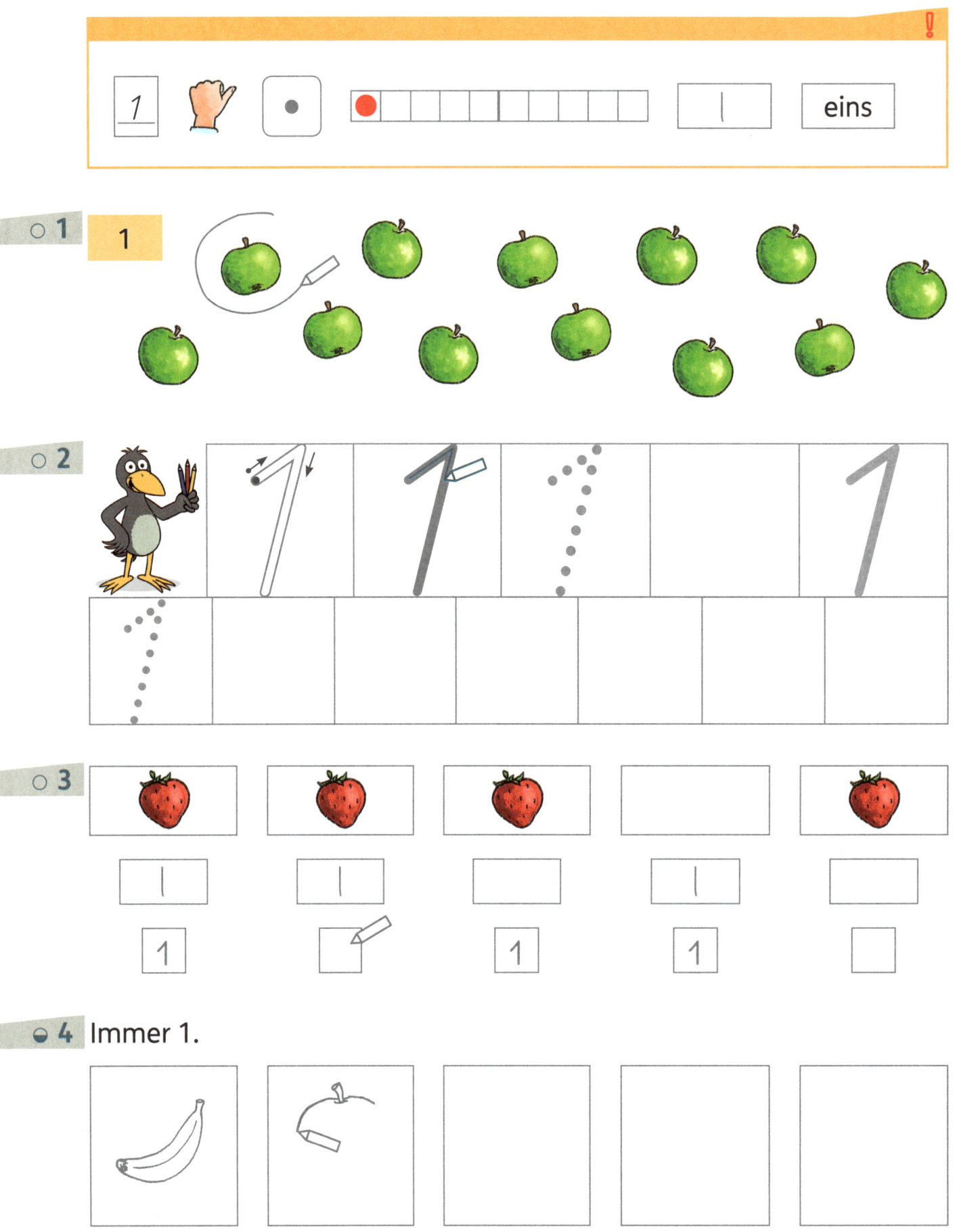

Die Zahl 2

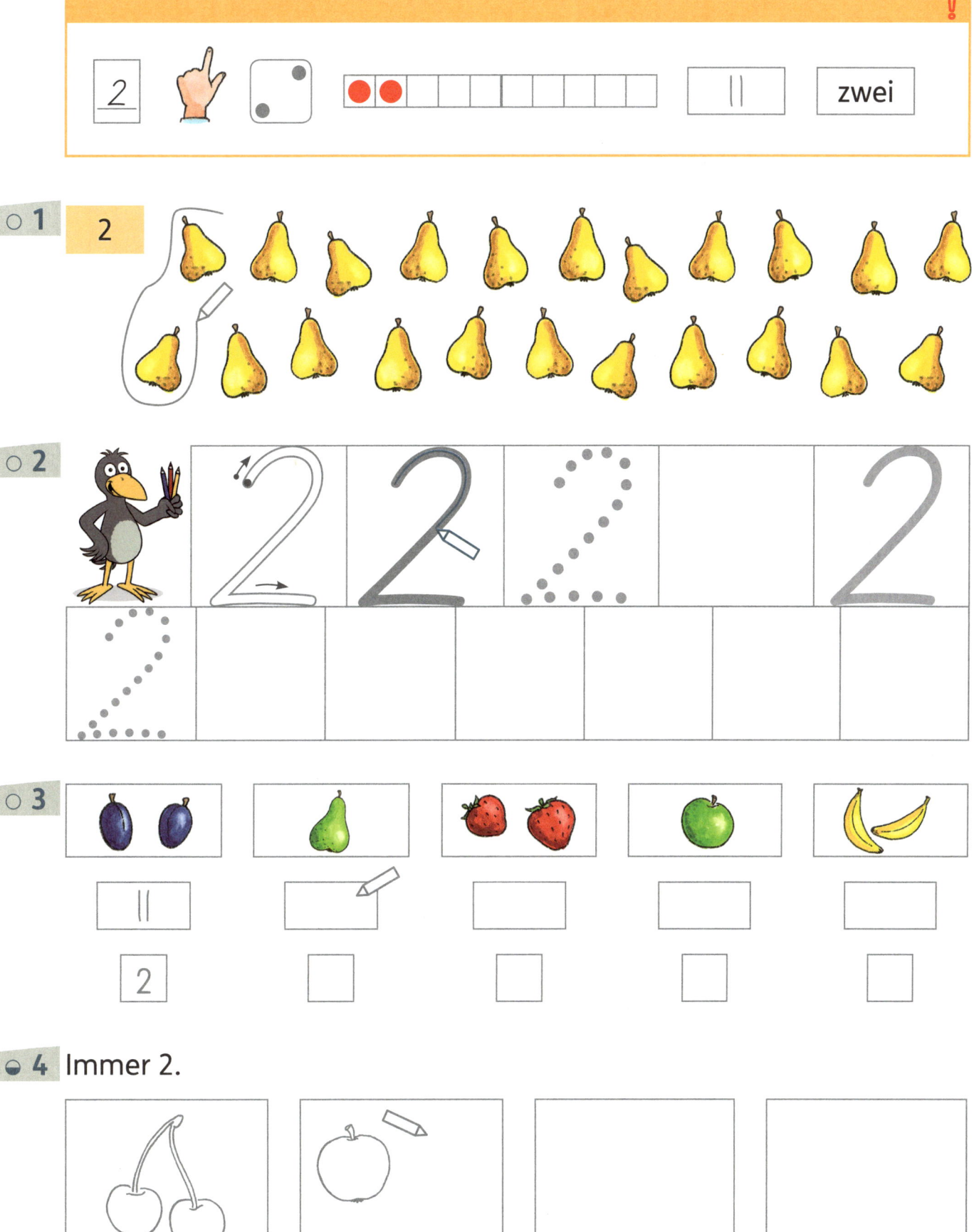

Die Zahl 2 und das Zahlwort kennenlernen sowie Mengen mit der Anzahl 2 im Klassenraum entdecken. **1** Immer zwei Birnen einkreisen. **2** Die Ziffer 2 zunächst farbig nachspuren. Anschließend weitere Schreibübungen durchführen. **3** Zu vorgegebenen Mengen die passende Zahl schreiben. **4** Die Menge 2 zeichnerisch darstellen.

→ Arbeitsheft, Seite 5

Die Zahl 3

| 3 | ✋ | ⚃ | ●●● □□□□□ | ||| | drei |

1 3

2

3

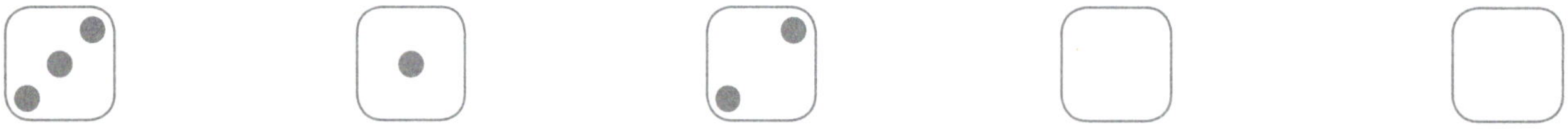

⚃	·	:		
3		2	3	3

4 Immer 3.

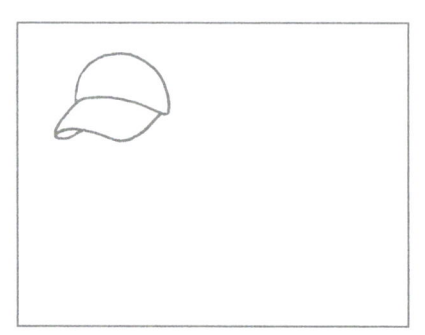
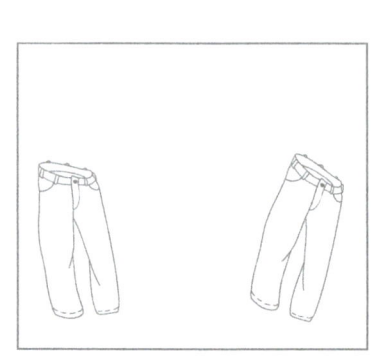

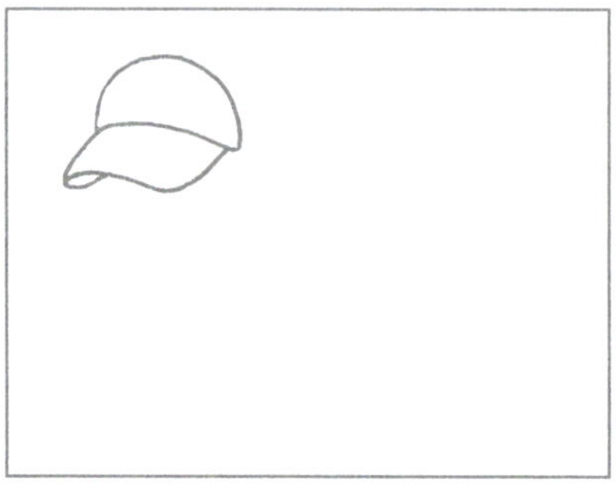

Die Zahl 3 und das Zahlwort kennenlernen. Mengen mit der Anzahl 3 im Klassenraum entdecken.
1 Immer drei T-Shirts einkreisen. 2 Die Ziffer 3 farbig nachspuren. Weitere Schreibübungen durchführen.
3 Bekannte Zahlen als Würfelbild, als Zahl bzw. Strichliste darstellen. 4 Die Menge 3 zeichnerisch darstellen.

→ Arbeitsheft, Seite 6

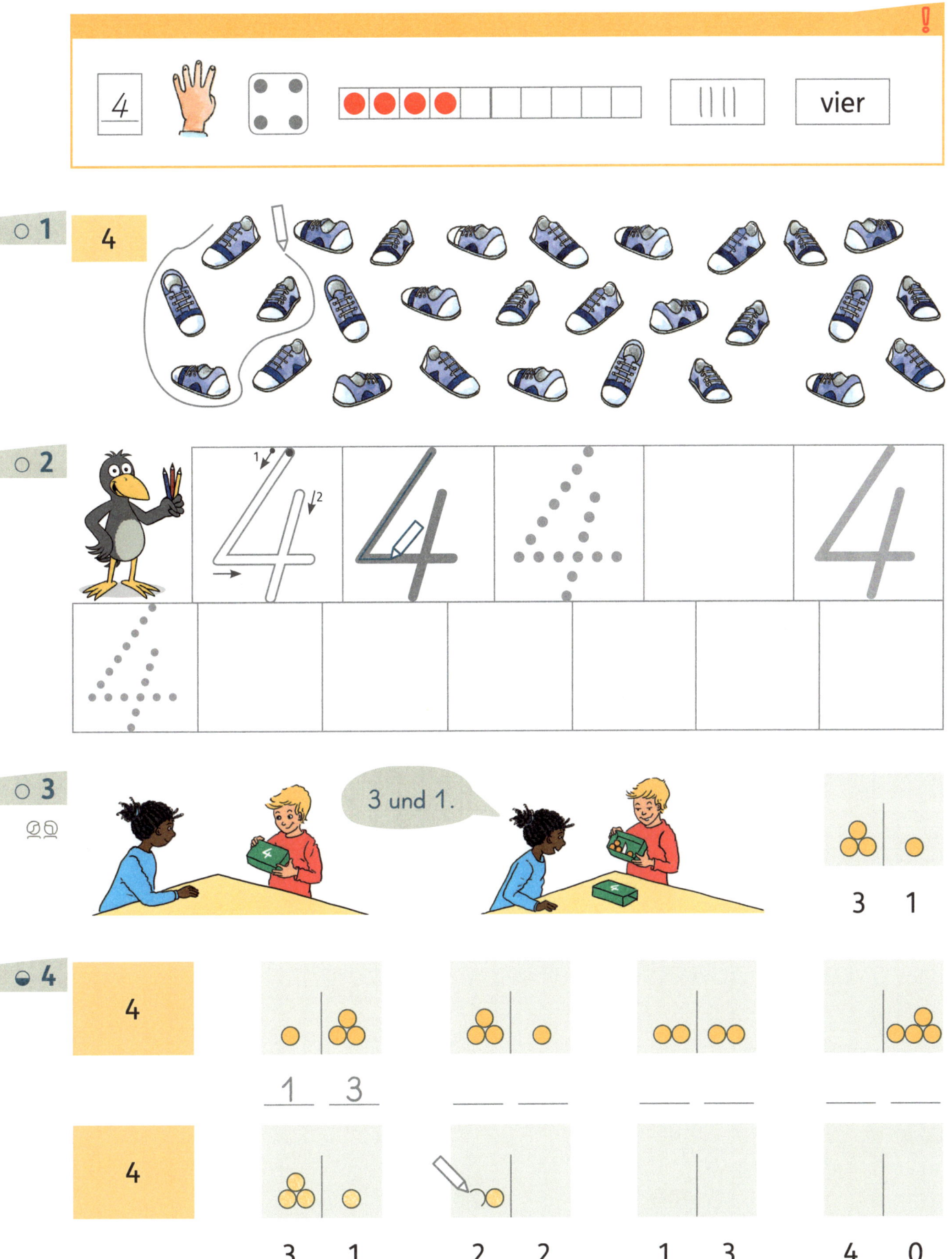

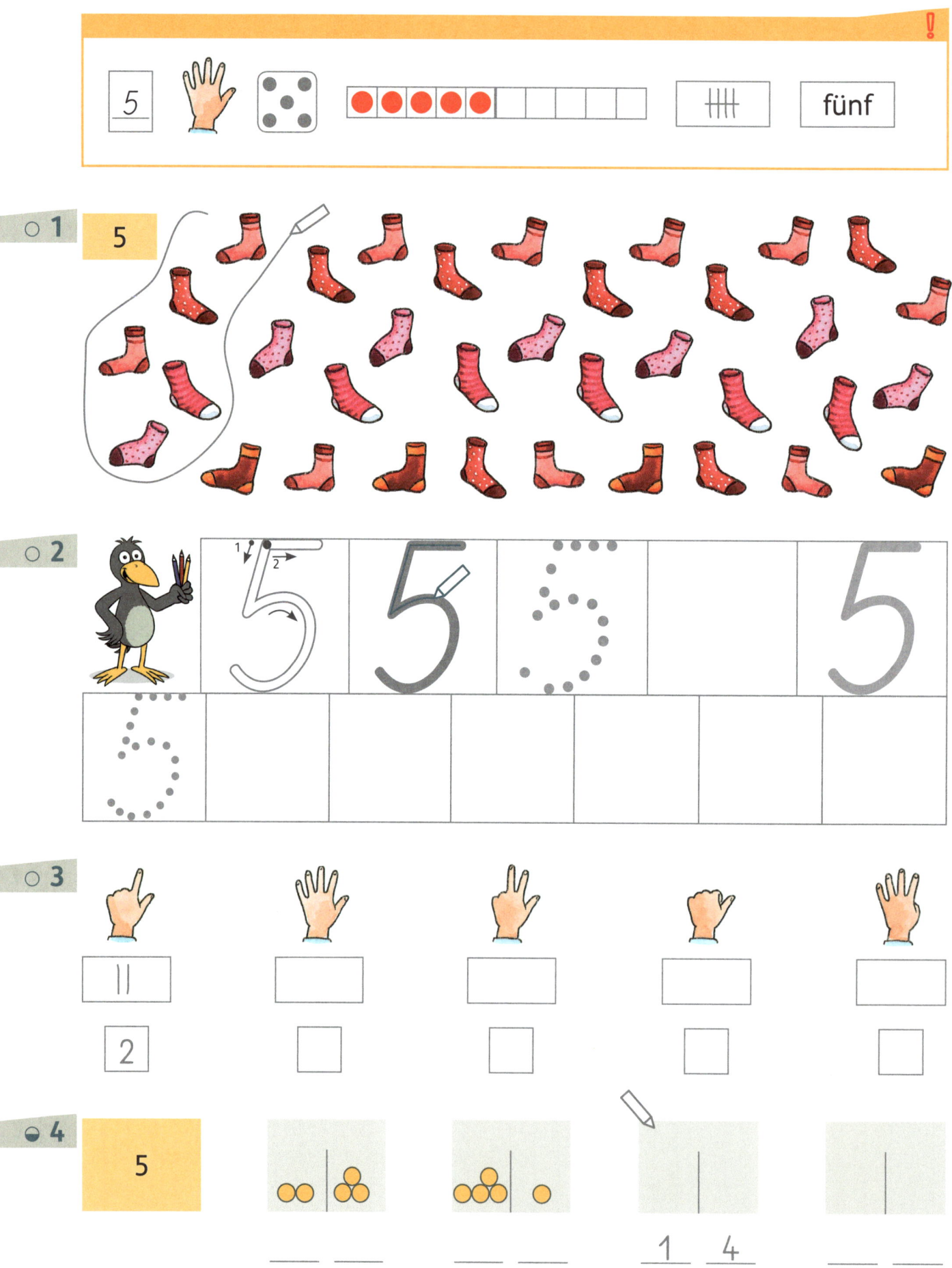

Die Zahl 6

1 6

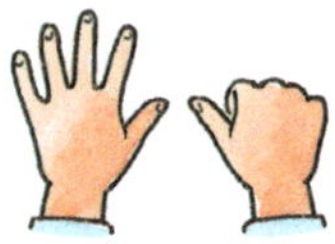

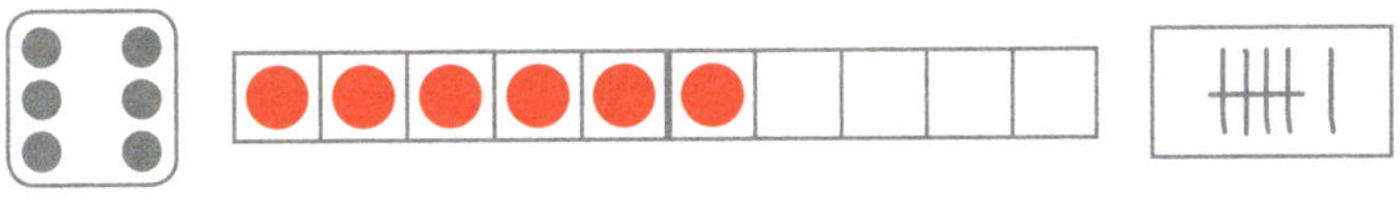

2

3

II	III				
2					

4 6

3 3 ___ ___ 2 4 ___ ___

Die Zahl 6 und das Zahlwort kennenlernen. Mengen mit der Anzahl 6 im Klassenraum entdecken. **1** Immer sechs Shorts einkreisen. **2** Die Ziffer farbig nachspuren. Weitere Schreibübungen durchführen. **3** Bekannte Zahlen als Würfelbild, als Zahl bzw. Strichliste darstellen. Verschiedene Würfeldarstellungen der 6 besprechen. **4** Zerlegungen notieren.

→ Arbeitsheft, Seite 7

Die Zahl 7

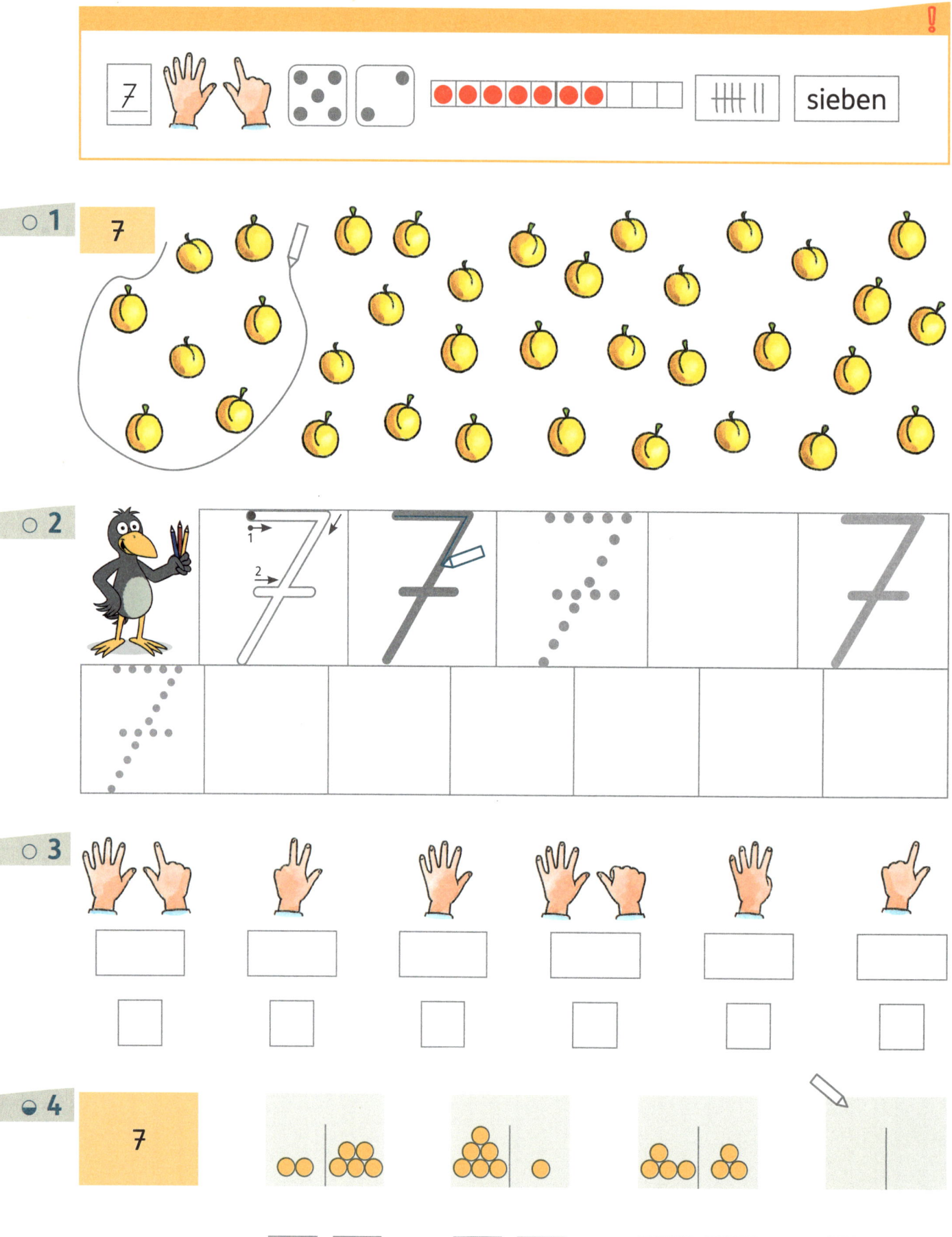

Die Zahl 7 und das Zahlwort kennenlernen. Mengen mit der Anzahl 7 im Klassenraum entdecken. **1** Immer sieben Aprikosen einkreisen. **2** Die Ziffer farbig nachspuren. Weitere Schreibübungen durchführen. **3** Zu vorgegebenen Fingerbildern Strichliste und Zahl notieren. **4** Zerlegungen notieren.

→ Arbeitsheft, Seite 8

Die Zahl 8

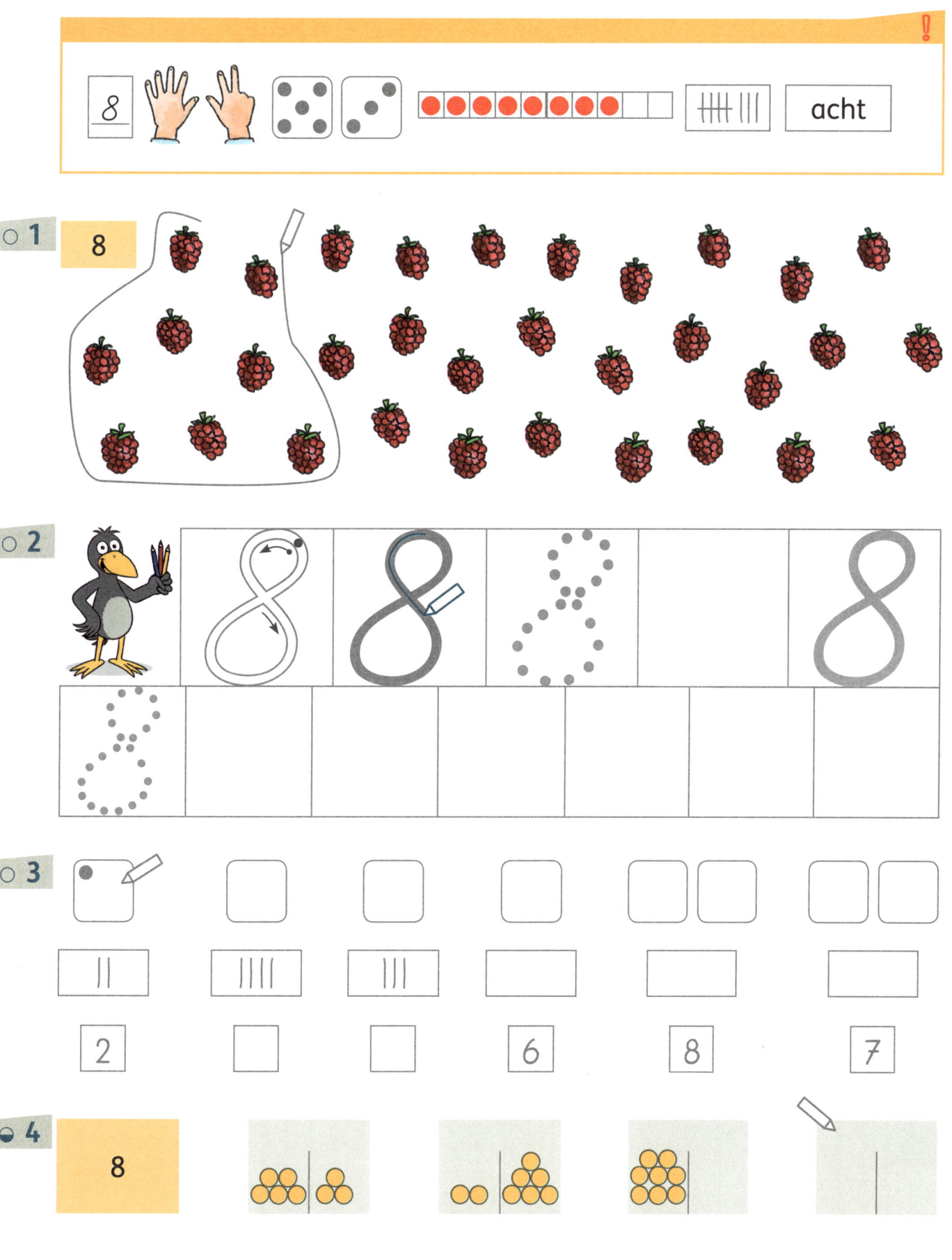

Die Zahl 8 und das Zahlwort kennenlernen. Mengen mit der Anzahl 8 im Klassenraum entdecken. **1** Immer acht Himbeeren einkreisen. **2** Die Ziffer farbig nachspuren. Weitere Schreibübungen durchführen. **3** Bekannte Zahlen als Würfelbild, als Zahl bzw. Strichliste darstellen. **4** Zerlegungen notieren.

→ Arbeitsheft, Seite 8

17

Die Zahl 9

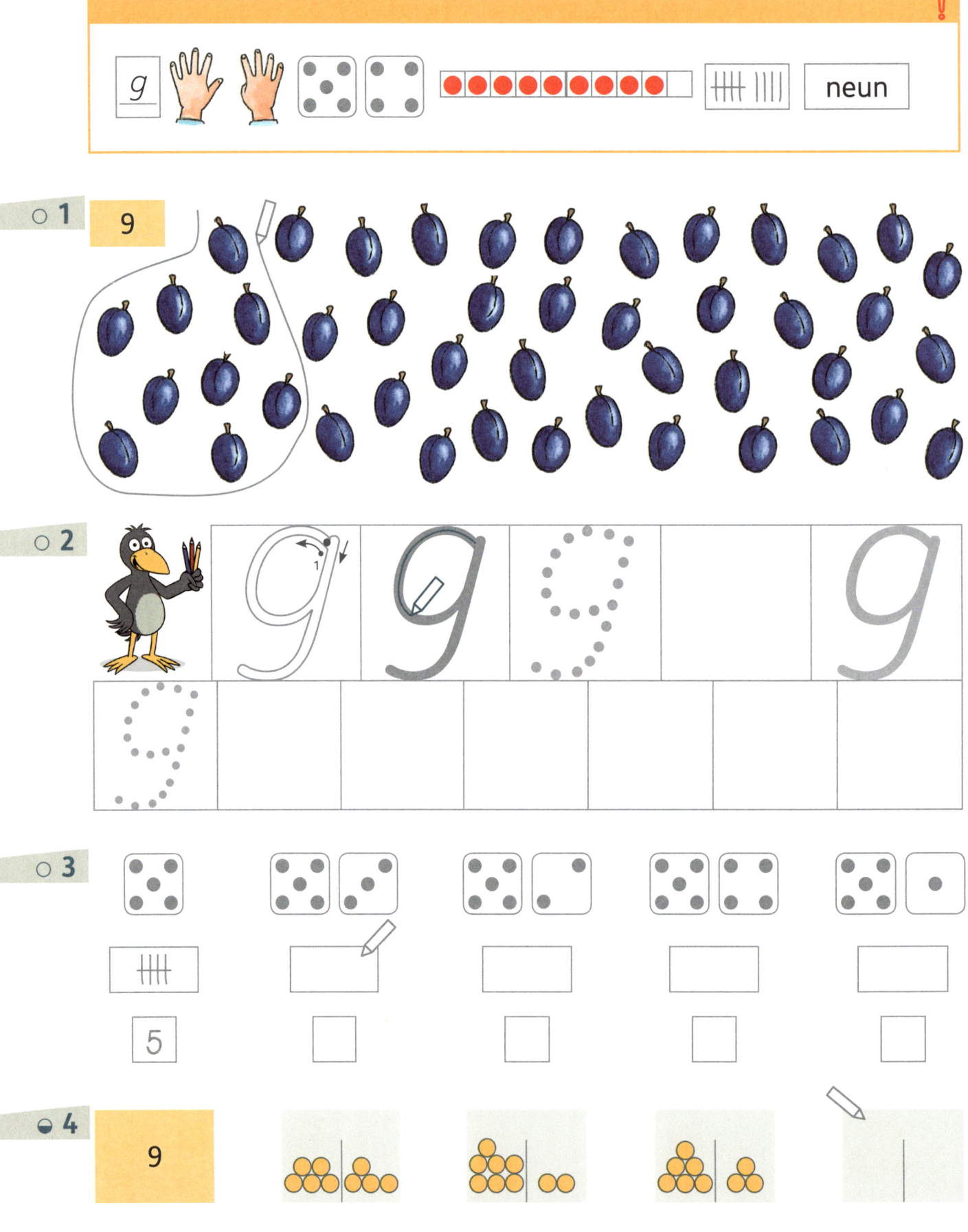

Die Zahl 10

10 | zehn

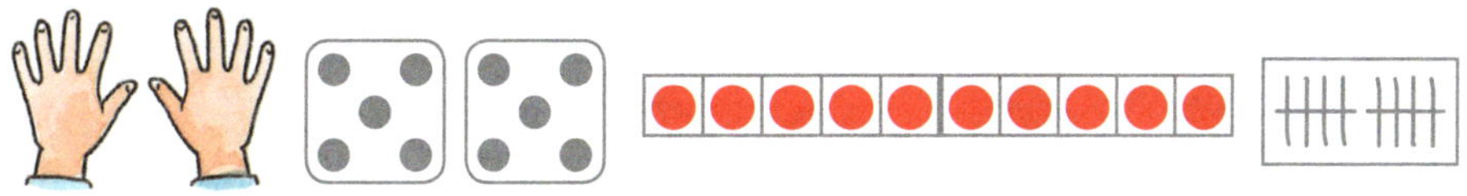

1 10

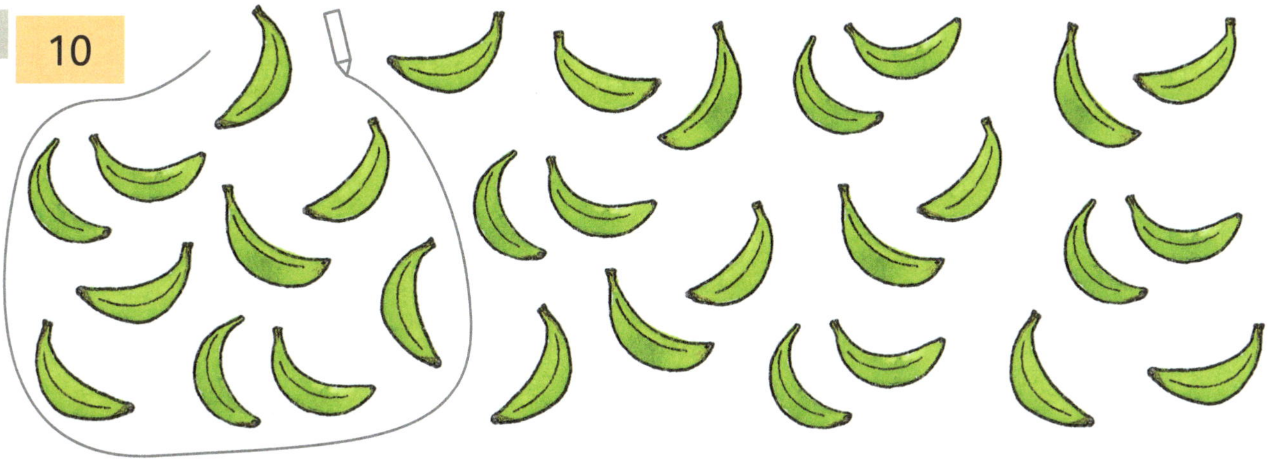

2

3  8

4 10

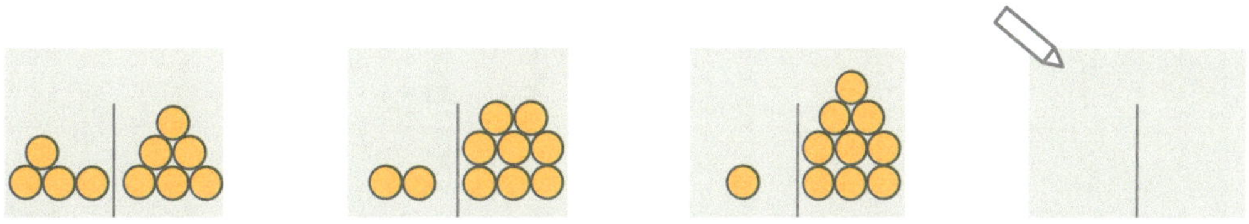

Die Zahl 10 und das Zahlwort kennenlernen. Mengen mit der Anzahl 10 im Klassenraum entdecken. **1** Immer zehn Bananen einkreisen. **2** Die Ziffer farbig nachspuren. Weitere Schreibübungen durchführen. **3** Zu vorgegebenen Fingerbildern Strichliste und Zahl notieren. **4** Zerlegungen notieren.

→ Arbeitsheft, Seite 9

Nachbarzahlen bis 10

1 Bin ich dein Nachbar?

2 Lege.

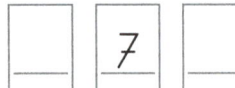 

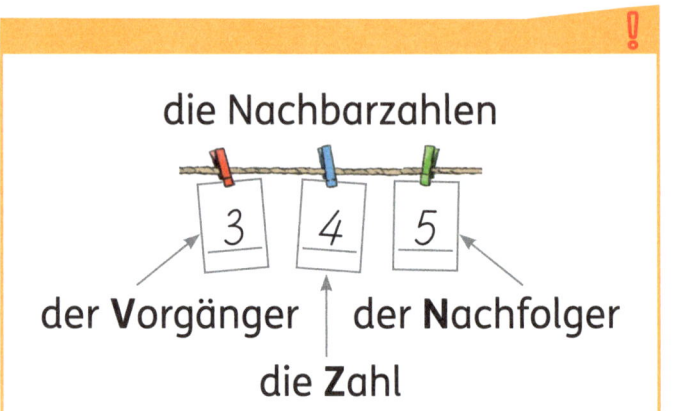

3

Vorgänger	Z	Nachfolger
1	2	
	3	
	4	
	5	

V	Z	N
	8	
	7	
	1	
	6	

V	Z	N
	9	
	2	
	5	
	3	

4

V	Z	N
2		
1		
5		
7		

V	Z	N
	2	
	6	
	5	
	10	

V	Z	N
	4	
0		
		9
	6	

V	Z	N
8		
	5	
		8
	9	

1 Die Zahlenreihe von 0 bis 10 erarbeiten, ggf. die Null thematisieren. Begriffe „Vorgänger", „Nachfolger" und „Nachbarzahlen" einführen. Kinder, die mit der Links-Rechts-Orientierung Schwierigkeiten haben, können sich voreinander statt nebeneinander aufstellen. 2 Die Zahlenreihe mit Zahlenkarten legen und vervollständigen. 3, 4 Vorgänger und Nachfolger bestimmen.

→ Arbeitsheft, Seite 10

Zuerst 5

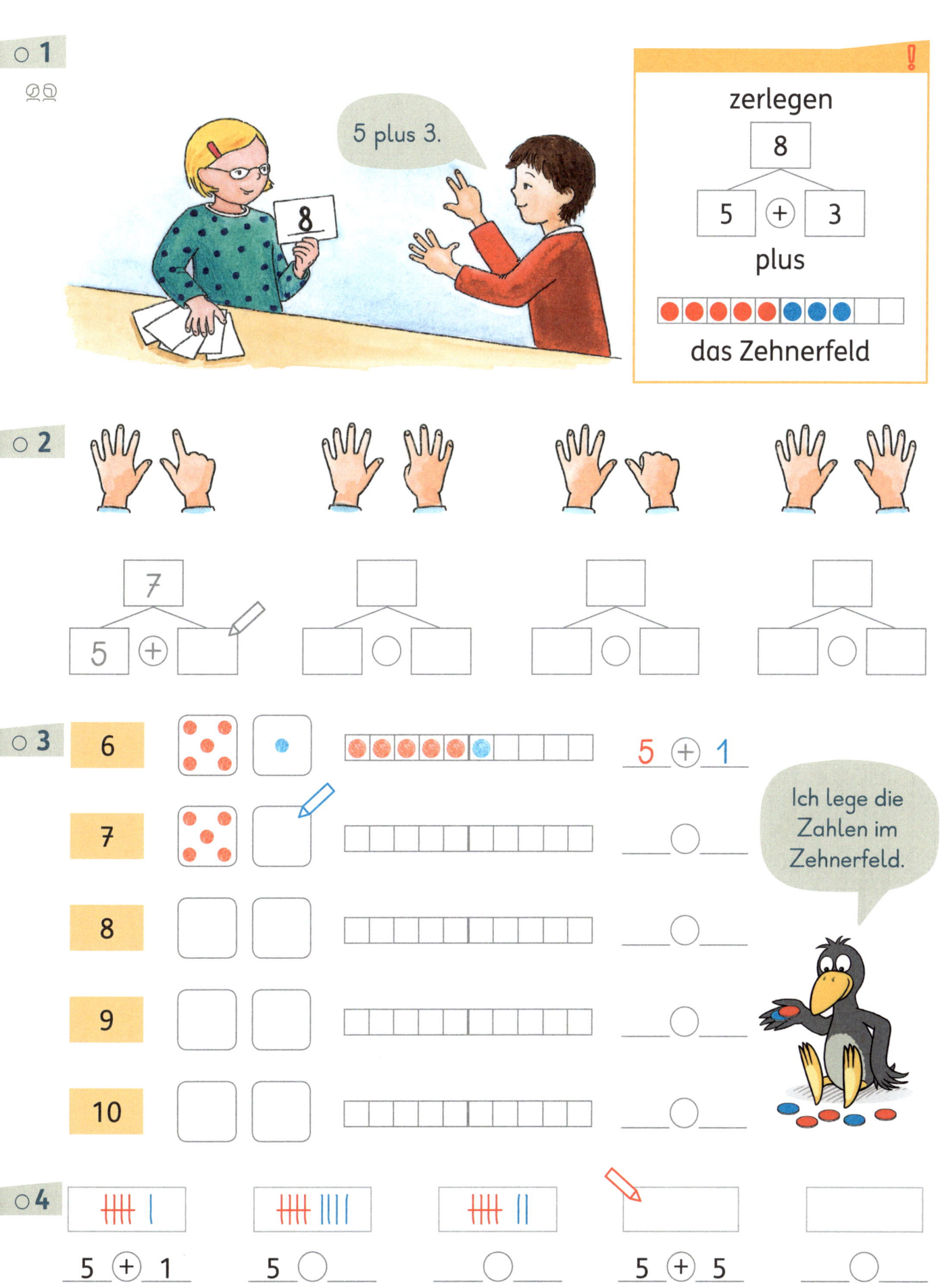

Anzahlen bestimmen

○ **1** Wie viele?

○ **2**

___4___

______

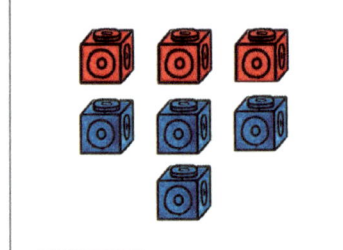

_____

_____

_____

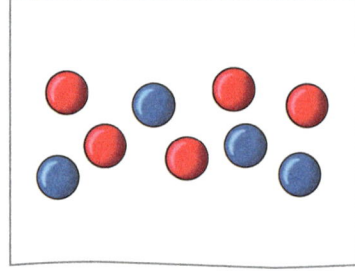

_____

○ **3**

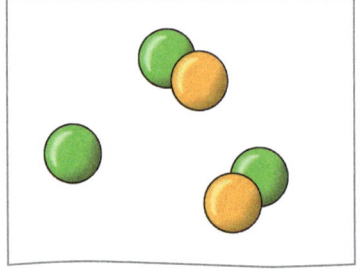

_____

_____

_____

Anzahlen bestimmen

1 Wo kannst du leicht zählen? Kreuze an und zähle.

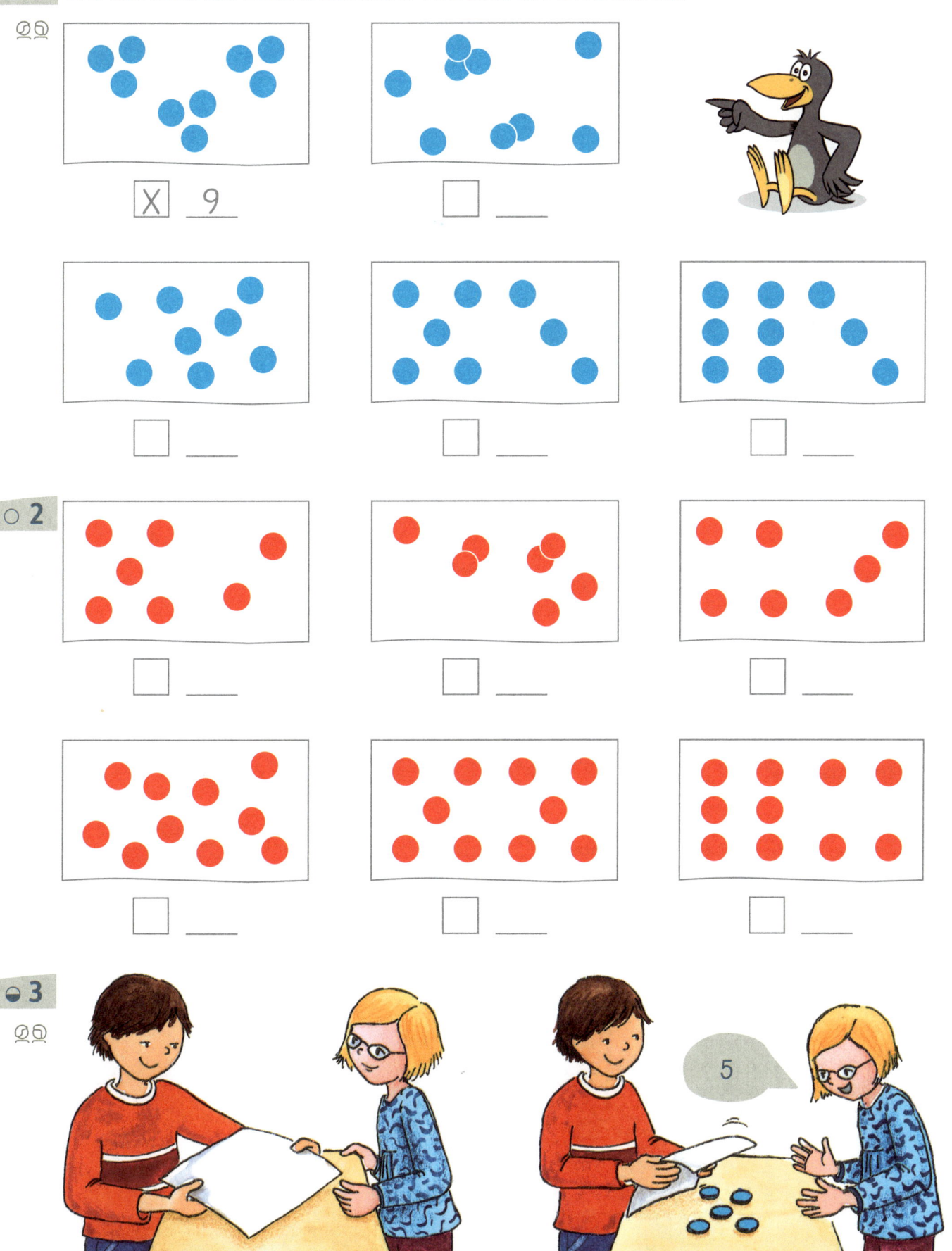

2

3

1 Strategien zur Anzahlbestimmung entwickeln und versprachlichen. Leicht zu zählende Menge ankreuzen. Dem Partnerkind das Vorgehen erklären. 2 Strategien zur Anzahlbestimmung anwenden. 3 Partnerübung: Kind 1 legt eine geordnete Menge mit Plättchen und deckt diese mit einem Blatt ab. Kind 2 versucht, die geordnete Menge möglichst schnell zu erfassen.

→ Arbeitsheft, Seite 12

Anzahlen bestimmen

1 Immer 6. Lege und male.

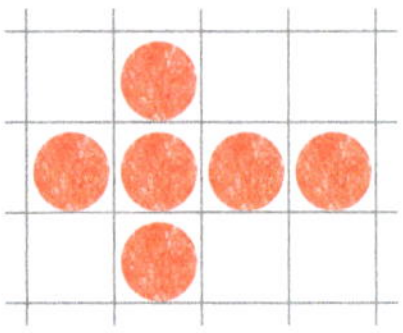

2 Immer 5.

Immer ☐.

3

24
1, 2 Zahlenbilder zu den Zahlen 6 und 5 und zu eigenen Zahlen legen und malen. Perspektivwechsel besprechen.
3 Partnerarbeit mit Sichtschutz zwischen den Kindern: Kind 1 legt Plättchen in sein leeres Legefeld und beschreibt Kind 2 die Position. Kind 2 legt nach der Beschreibung die gleichen Plättchen in sein leeres Legefeld.

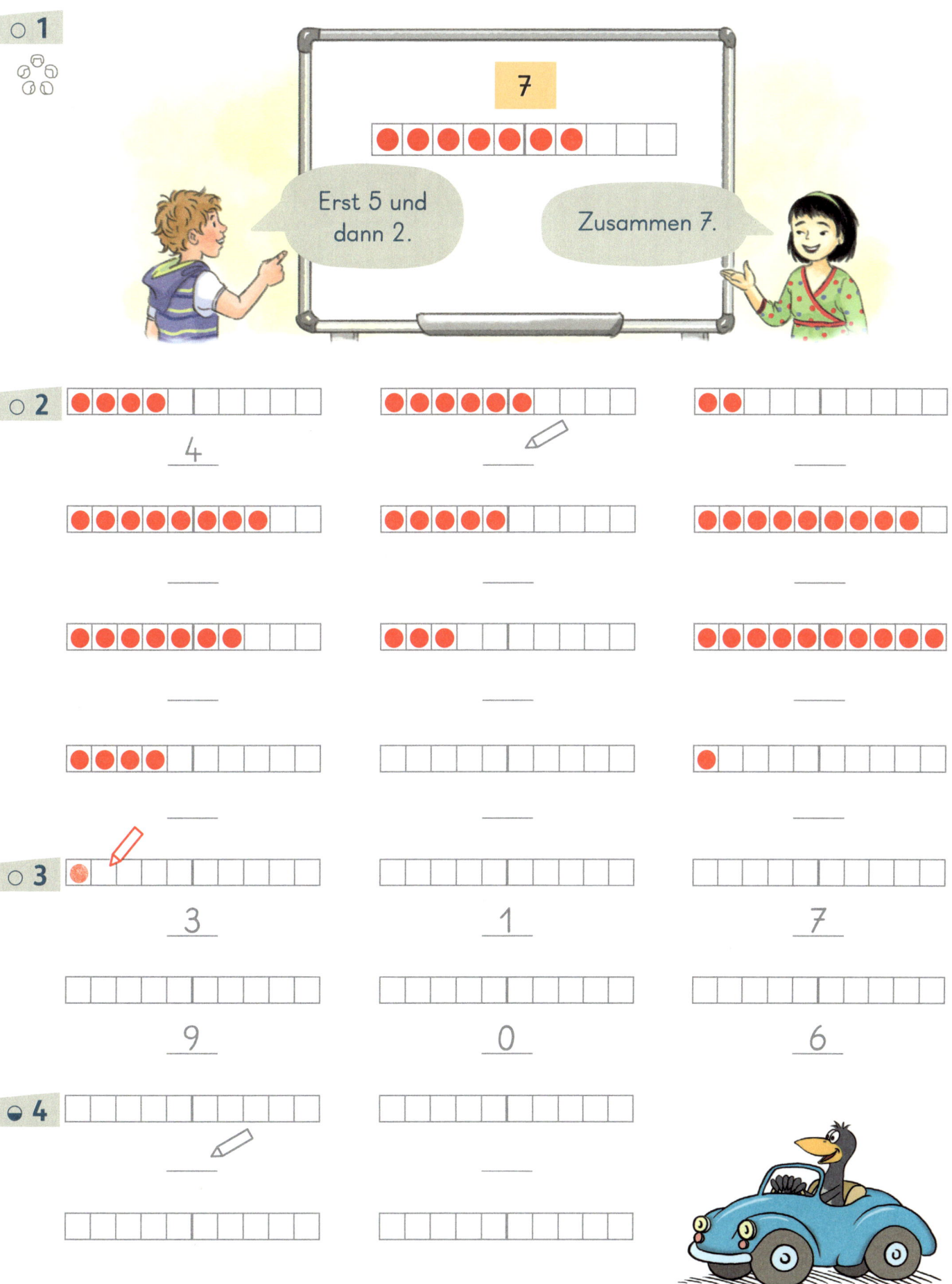

Zahlen bis 10 zerlegen

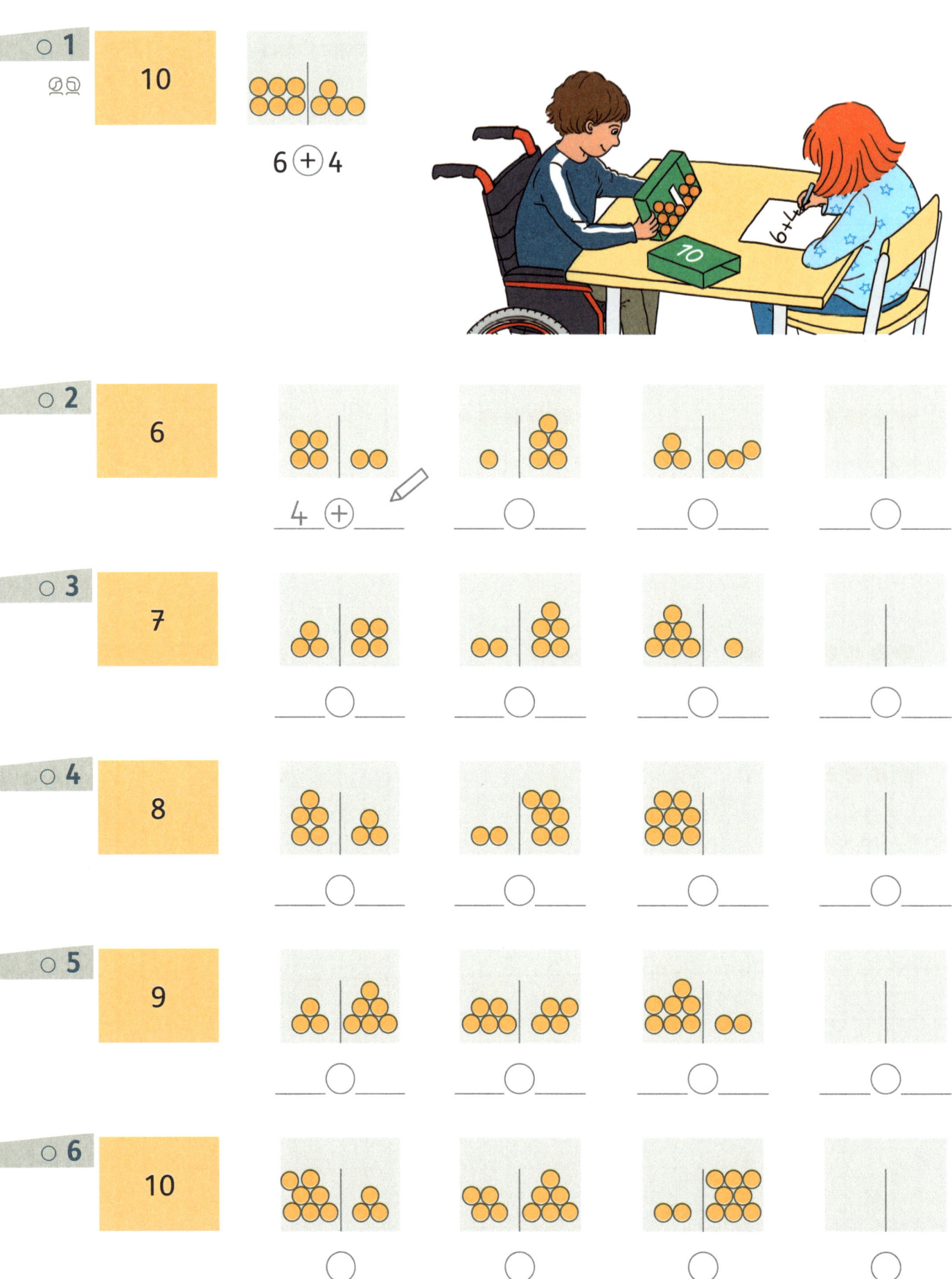

26 1 Partnerarbeit: Mit der Schüttelbox arbeiten. Zerlegung notieren.   2–6 Zerlegungen notieren und mögliche Zerlegungen selbst zeichnen.

→ Arbeitsheft, Seite 14

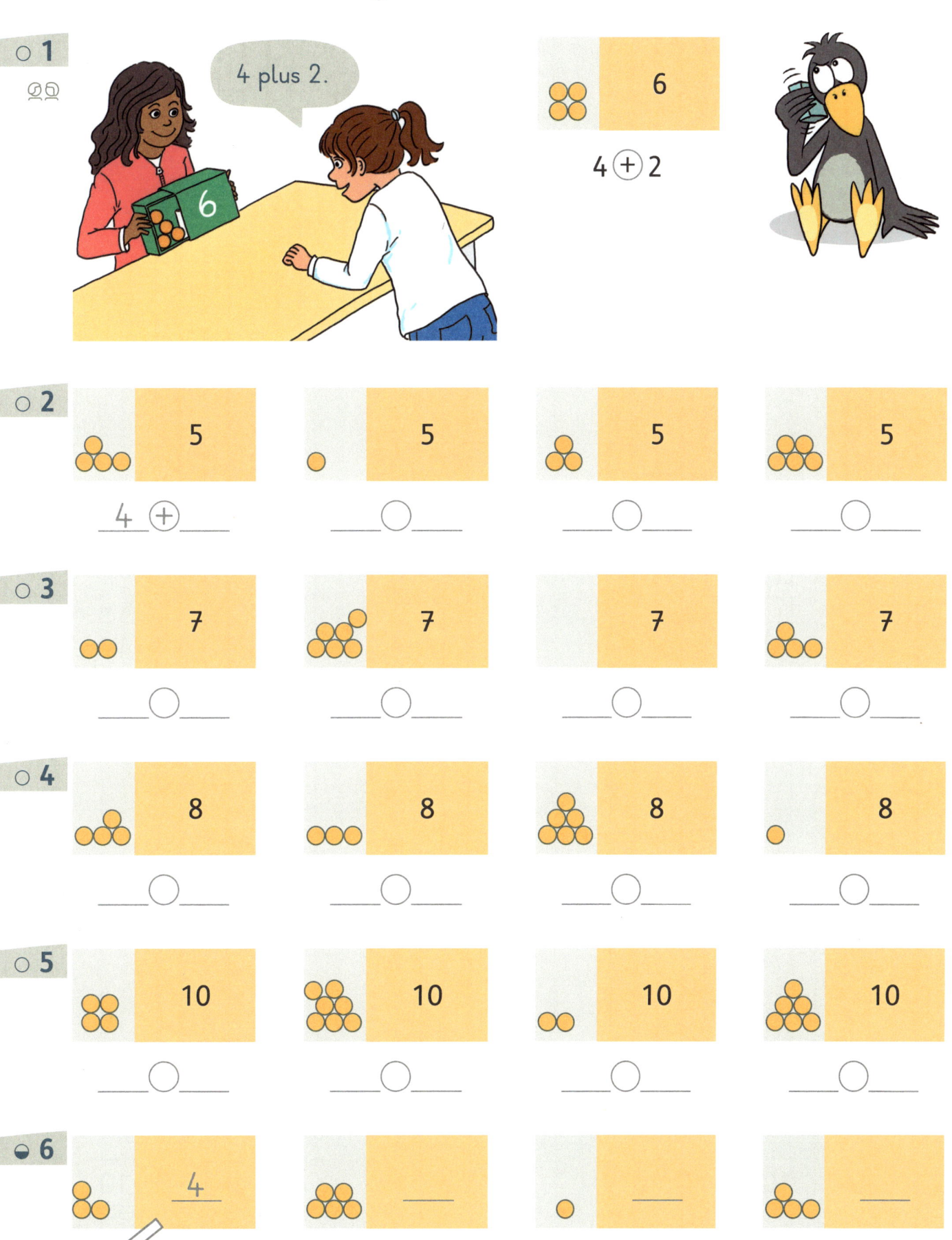

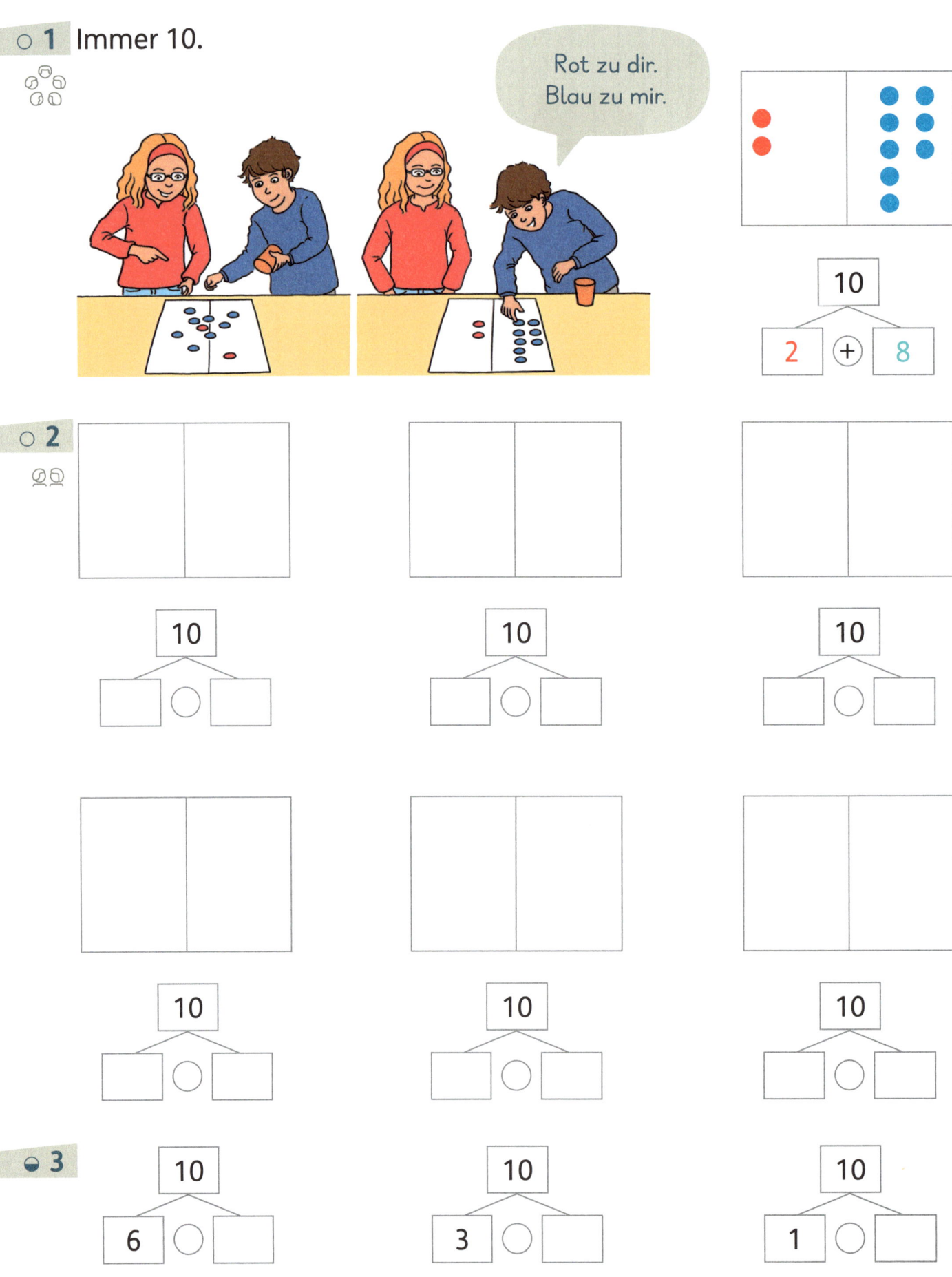

Zerlegung der 10

1

2 Immer 10. Färbe.

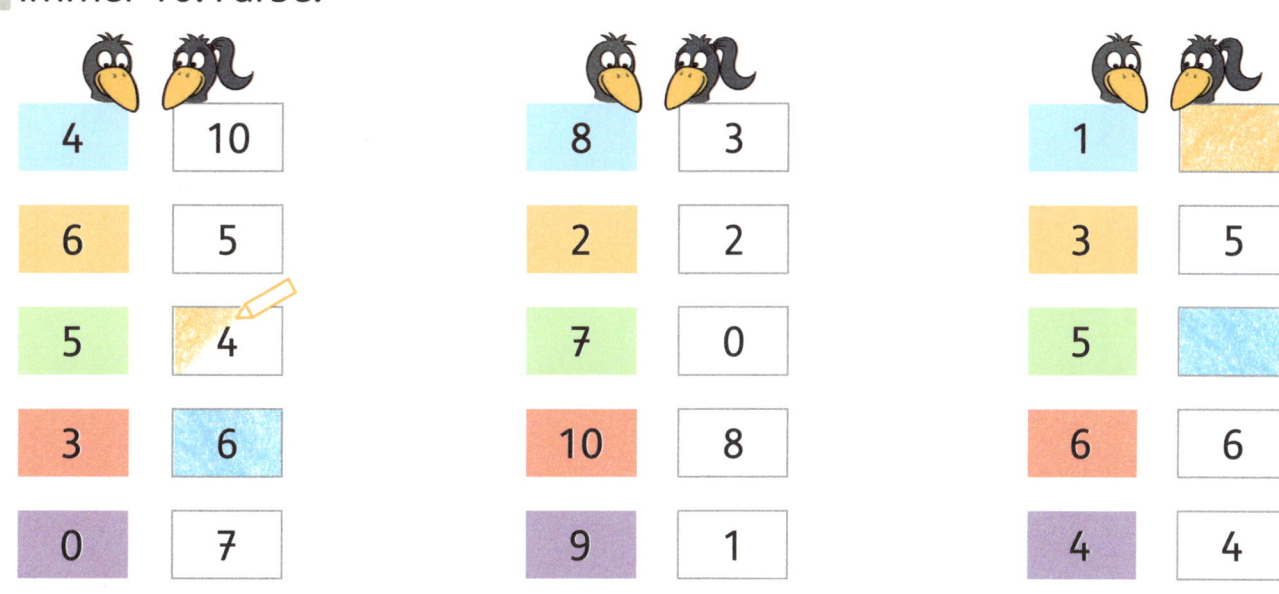

3 Immer 10.

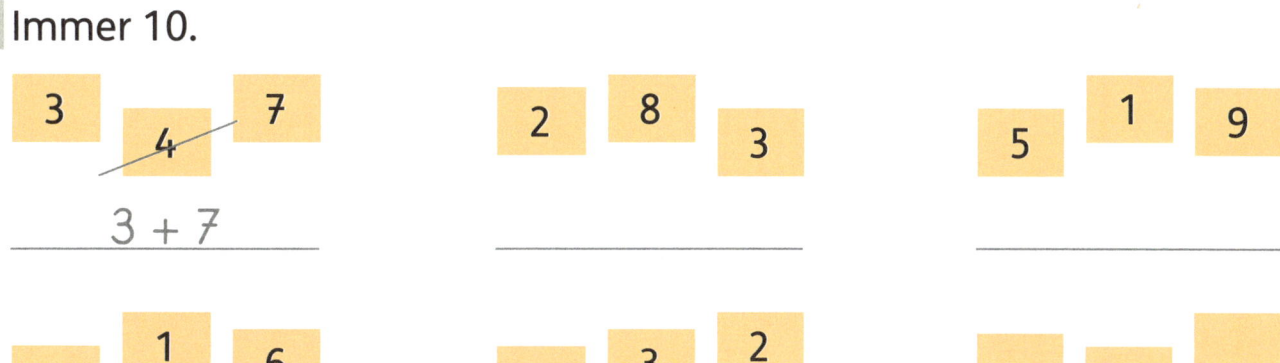

3 + 7

---

1 Spiel zum Zerlegen der 10 mit den Zahlenkarten in Partnerarbeit durchführen. 2 Jeweils zwei Karten passend färben, die zusammen 10 ergeben bzw. passende Zahl notieren. 3 Immer zwei Karten ergeben zusammen 10. Überflüssige Karte streichen, Term notieren. Eigene Aufgabe finden.

→ Arbeitsheft, Seite 15

Zerlegungshäuser

1

2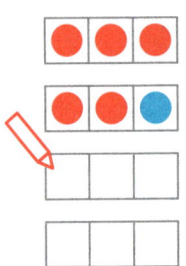

3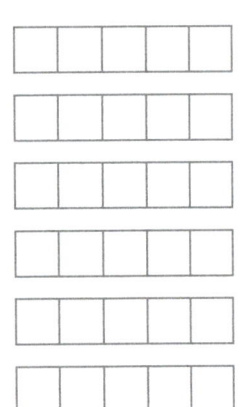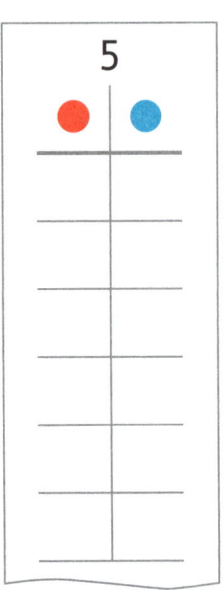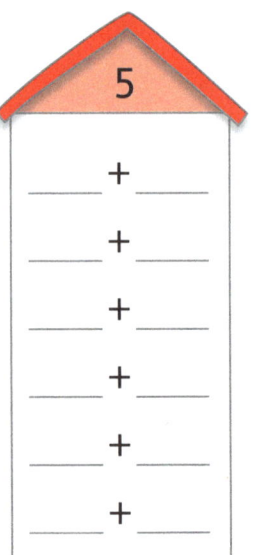

Zerlegungshäuser

○ 1

Haus 4:
___ + ___
___ + ___
___ + ___
___ + ___
___ + ___

Haus 1:
1 + ___
___ + 1

Haus 2:
2 + ___
1 + ___
0 + ___

Haus 6:
6 + ___
5 + ___
4 + ___
___ + 3
___ + 4
___ + 5
___ + ___

⊖ 2

Haus 9:
9 + ___
___ + 1
7 + ___
___ + 3
___ + ___
___ + ___
___ + ___
___ + ___
___ + ___

Haus 8:
8 + ___
___ + 1
___ + ___
___ + ___
___ + ___
___ + ___
___ + ___
___ + ___
___ + ___

Haus 7:
___ + ___
___ + ___
___ + ___
___ + ___
___ + ___
___ + ___
___ + ___
___ + ___

Haus 10:
___ + ___
___ + ___
___ + ___
___ + ___
___ + ___
___ + ___
___ + ___
___ + ___
___ + ___

1, 2 Zahlzerlegung systematisch notieren, ggf. mit Plättchen legen.

31

→ Arbeitsheft, Seite 16

Ordnungszahlen

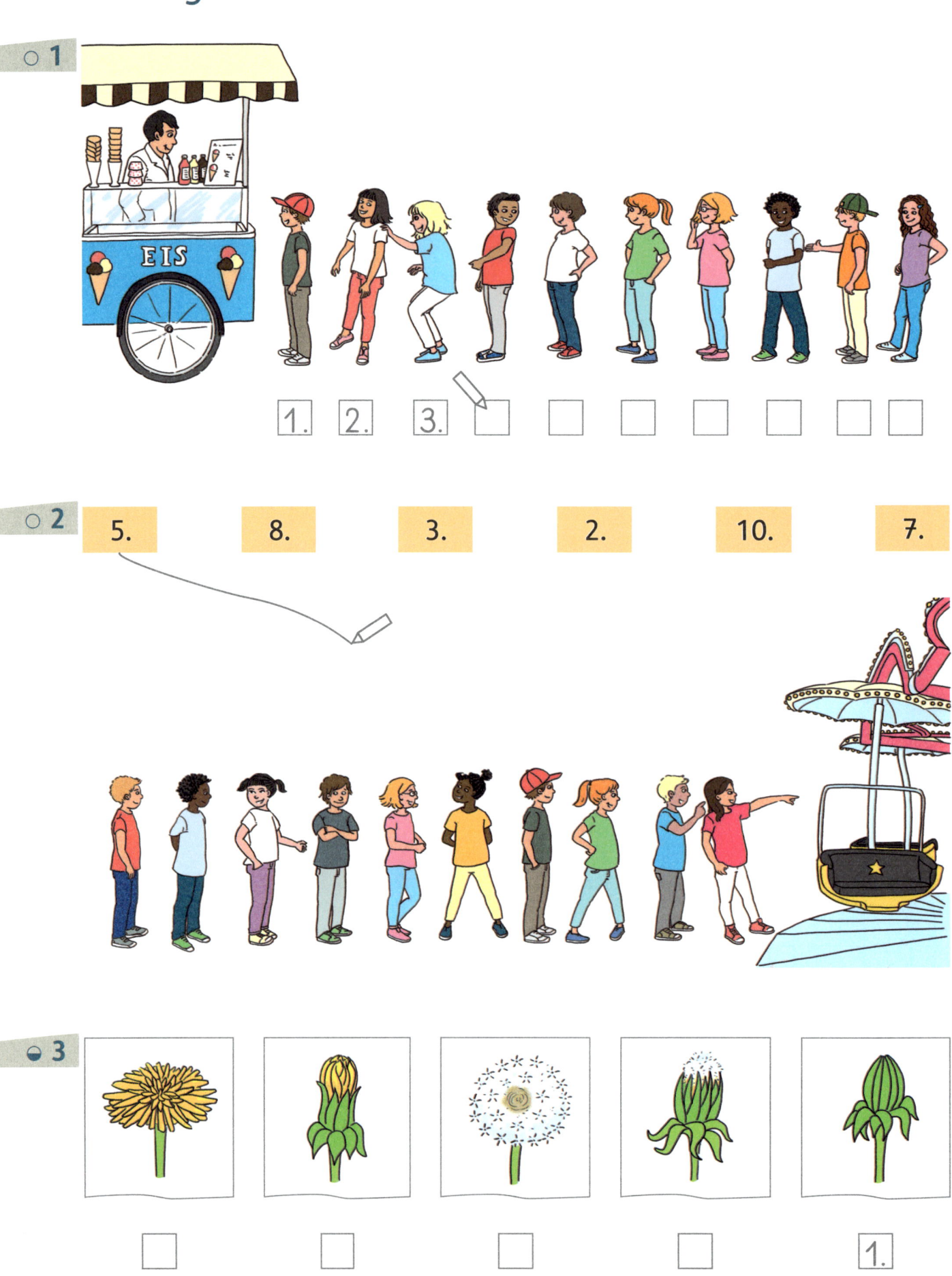

32

Zahlen vergleichen

1

1 < 3	4 > 2	3 = 3
1 ist kleiner als 3	4 ist größer als 2	3 gleich 3

2 Baue und schreibe.

2 < 3   __○__   __○__   __○__   __○__

3
2 < 5   5 ○ 4   1 ○ 2   10 ○ 5   6 ○ 6
2 ○ 4   5 ○ 5   6 ○ 3   9 ○ 6   1 ○ 0
2 ○ 3   5 ○ 6   3 ○ 4   7 ○ 5   0 ○ 8
2 ○ 2   5 ○ 7   4 ○ 5   8 ○ 9   4 ○ 10
2 ○ 1   5 ○ 8   7 ○ 7   6 ○ 8   5 ○ 1

4
3 = ___   4 = ___   8 = ___   6 = ___
3 < ___   4 < ___   8 < ___   6 < ___
3 < ___   4 < ___   8 < ___   6 < ___
3 > ___   4 > ___   8 > ___   6 > ___
___ > ___   ___ > ___   ___ > ___   ___ > ___

1 Anzahlen vergleichen. Dazu die Zeichen <, > und = sowie die Sprechweise einführen. Das Krokodil „schnappt" immer nach der größeren Anzahl. Das Maul erinnert an das Zeichen. 2 Türme mit Steckwürfeln nachbauen. Anzahlen vergleichen. 3 Zahlen vergleichen. Relationszeichen eintragen. Bei Bedarf mit Steckwürfeln bauen. 4 Passende Zahlen finden.

→ Arbeitsheft, Seite 18

Wiederholung

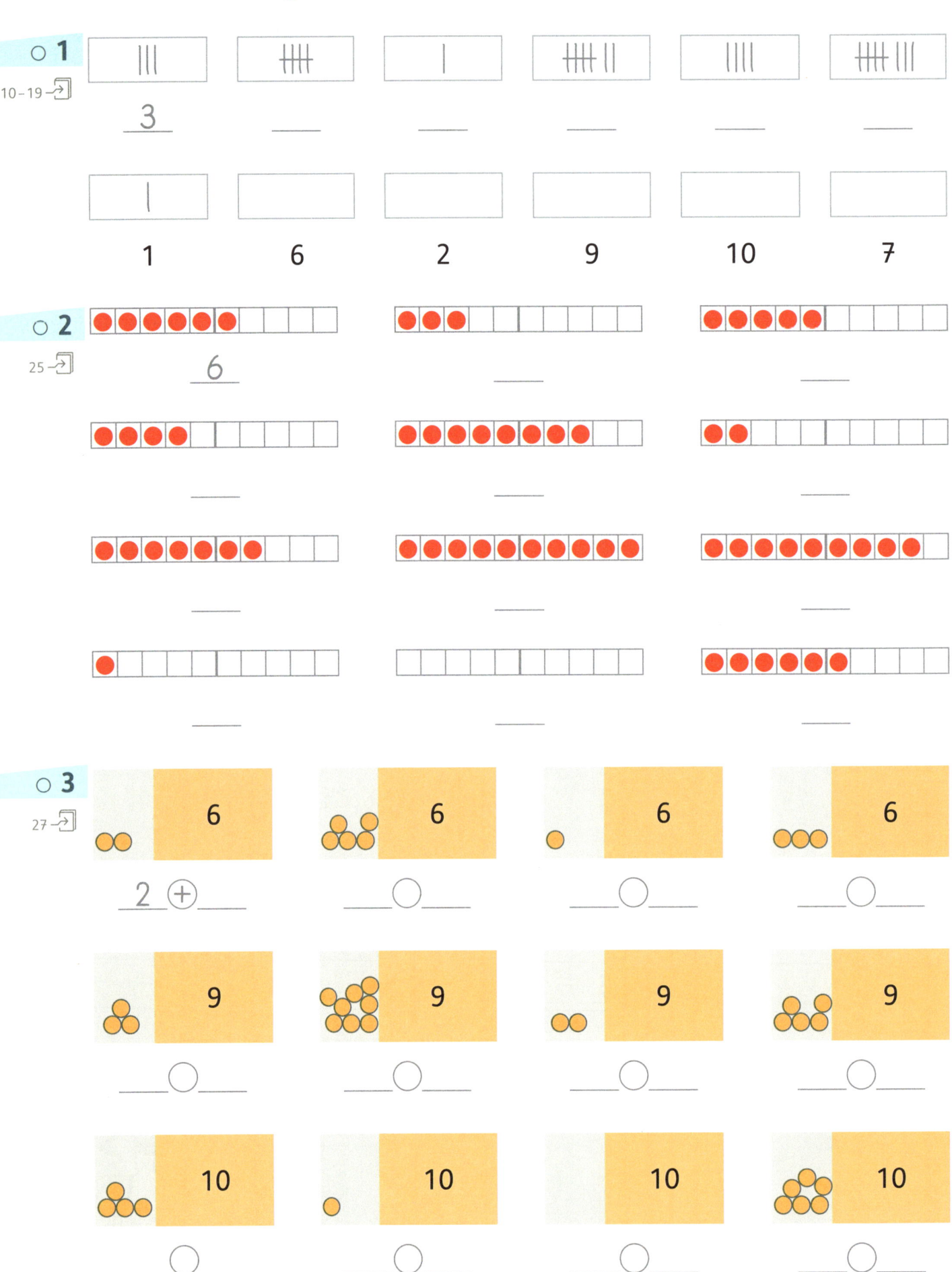

4 Immer 10.

1	7
8	9
3	2
6	4

4	10
5	3
0	6
7	5

10	
2	
9	
5	

5

| | | | 1. | |

6

V	Z	N
5	6	7
	3	
	1	
	8	

V	Z	N
	2	
	7	
	4	
	9	

V	Z	N
		6
1		
		10
	5	

V	Z	N
		8
3		
		2
	5	

7

5 < 7   8 ○ 4   3 ○ 9   10 ○ 0
5 ○ 3   4 ○ 8   2 ○ 2   9 ○ 10
5 ○ 5   6 ○ 1   7 ○ 4   10 ○ 8

5 ○ 1   1 ○ 6   8 ○ 9   5 ○ 10
5 ○ 9   3 ○ 3   9 ○ 6   10 ○ 1
5 ○ 4   9 ○ 7   2 ○ 8   4 ○ 10

4 Jeweils zwei Karten passend färben, die zusammen 10 ergeben, bzw. passende Zahl notieren. **5** Reihenfolge, in der das Bild gemalt wurde, feststellen. **6** Vorgänger und Nachfolger von Zahlen bestimmen. **7** Zahlen vergleichen. Die Zeichen <, > und = verwenden.

→ Arbeitsheft, Seite 19

Rückblick

1

2

36 1 Merkmale und Lage der Personen und Gegenstände beschreiben. Für die ausgewählten Merkmale Anzahl bestimmen und als Strichliste festhalten.   2 Muster nachlegen und fortführen. Beim Zeichnen kann es helfen, das Grundmuster zunächst zu markieren. Eigene Muster erfinden. Die Muster können auch in Partnerarbeit gelegt und versprachlicht werden.

Knobeln mit Formen

 1

 2

 3

 4

1–4 Das Muster so ergänzen, dass in einer Reihe entweder nur die gleiche Form (z. B. nur Kreise) oder nur eine Farbe (z. B. nur blaue Formen) vorkommen.   4 Hier gibt es jeweils zwei verschiedene Lösungen.

Plus: Es werden mehr

○ 1

Findest du Rechengeschichten?

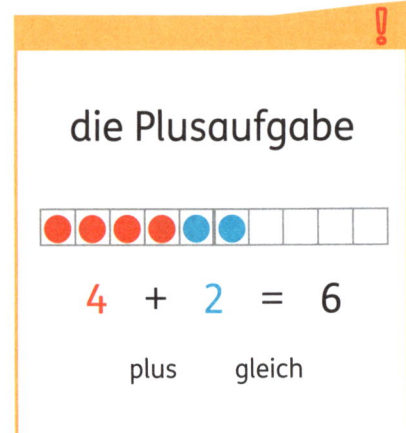

die Plusaufgabe

●●●●●● ☐ ☐ ☐

4 + 2 = 6
plus gleich

●●●●●● ☐ ☐ ☐

4 + 2 = 6

○ 2

●●●●● ☐ ☐ ☐ ☐ ☐   ●●●●●● ☐ ☐ ☐ ☐   ●●●● ☐ ☐ ☐ ☐ ☐ ☐

__2__ + ___ = ___   ___ + ___ = ___   ___ + ___ = ___

○ 3

___ + ___ = ___   ___ + ___ = ___   ___ + ___ = ___

1–3 Rechengeschichten zu den Bildern erzählen. Additionsaufgaben entnehmen. Die dynamische Grundvorstellung der Addition kennenlernen (als Hinzukommen, Hinzufügen). Die Sprech- und Schreibweise der Addition einführen. Aufgaben mit Plättchen nachlegen, malen und notieren. Tipp: Die Bankmitte unterstützt die 5er-Struktur.

→ Arbeitsheft, Seite 21

Plus: Es werden mehr

○ **1**

___ + ___ = ___   ___ + ___ = ___   ___ + ___ = ___

○ **2**

___ + ___ = ___   ___ + ___ = ___   ___ + ___ = ___

● **3**

_5_ + _4_ = ___   _3_ + ___ = ___   ___ + ___ = ___

1, 2 Additionsaufgaben erkennen. Aufgaben mit Plättchen legen und einzeichnen. Aufgaben schreiben und rechnen. Neben der dynamischen auch die statische Grundvorstellung der Addition kennenlernen (als Zusammenfassung, Vereinigung).
3 Additionsaufgaben mit vorgegebenem Ergebnis finden und notieren.

→ Arbeitsheft, Seite 21

Plusaufgaben finden

1   5 + 3 = ___   ___ + ___ = ___   ___ + ___ = ___

___ + ___ = ___

___ + ___ = ___

___ + ___ = ___

2   7 + 1 = ___   ___ + ___ = ___   ___ + ___ = ___

___ + ___ = ___   ___ + ___ = ___   ___ + ___ = ___

3   ___ + ___ = ___

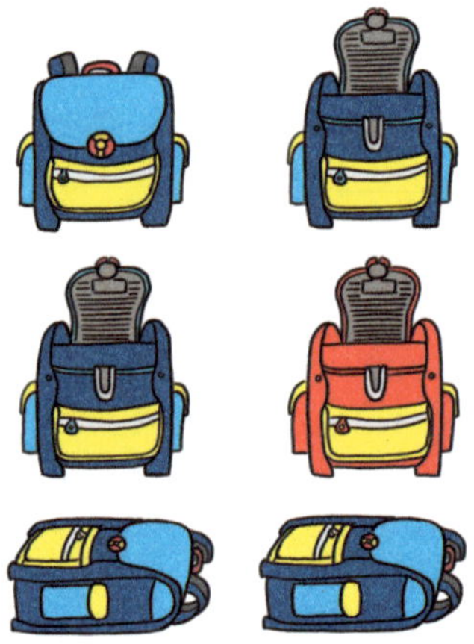

___ + ___ = ___

___ + ___ = ___

Findest du drei verschiedene Aufgaben?

1–3 Rechengeschichten erzählen. 1 Additionsaufgaben im Bild finden, einkreisen und mit Zehnerfeld verbinden. Mit Plättchen legen, einzeichnen und rechnen. Alle möglichen Aufgaben sind erlaubt. 2 Additionsaufgabe dem Zehnerfeld entnehmen. Mit Plättchen nachlegen, schreiben und rechnen. 3 Verschiedene Aufgaben zu einem Bild finden.

→ Arbeitsheft, Seite 22/23

Plusaufgaben üben

1

3 + 6 = ___   1 + 4 = ___   2 + 6 = ___

2 + 8 = ___   4 + 2 = ___   2 + 7 = ___

5 + 3 = ___   3 + 2 = ___   6 + 0 = ___

4 + 3 = ___   0 + 10 = ___   2 + 5 = ___

2

2 + 5 = ___   8 + 2 = ___   4 + 1 = ___   3 + 6 = ___

3 Rechne und kontrolliere. Eine Zahl bleibt jeweils übrig.

Ich kontrolliere mit den grünen Zahlen.

2 + 5 = 7	1 + 4 = ___	1 + 5 = ___
9 + 1 = ___	1 + 1 = ___	4 + 4 = ___
1 + 3 = ___	3 + 2 = ___	3 + 0 = ___
4 + 0 = ___	7 + 2 = ___	0 + 6 = ___
8 + 2 = ___	6 + 3 = ___	3 + 5 = ___
2 + 2 = ___	0 + 2 = ___	1 + 2 = ___

🗝 4 4 4 ~~7~~ 7 10 10   2 2 5 5 5 9 9   3 3 6 6 8 8 8

Tauschaufgaben

○ 1

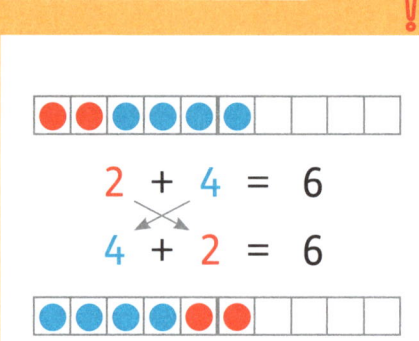

die Tauschaufgabe

○ 2

3 + 5 = ___
5 + 3 = ___

1 + 6 = ___
6 + 1 = ___

2 + 7 = ___
7 + 2 = ___

2 + 6 = ___
___ + 2 = ___

3 + 7 = ___
___ + 3 = ___

5 + 2 = ___
___ + 5 = ___

○ 3 Welche Aufgabe findest du einfacher?

2 + 8 = ___
8 + 2 =

3 + 4 = ___
___ + 3 =

4 + 5 = ___
___ + ___ = ___

0 + 3 = ___
___ + ___ = ___

1 + 7 = ___
___ + 1 =

1 + 8 = ___
___ + ___ =

4 + 2 = ___
___ + ___ =

2 + 1 = ___
___ + ___ =

3 + 2 = ___
___ + ___ =

4 + 6 = ___
___ + ___ =

42

1 Tauschaufgaben kennenlernen. Situation von oben und unten betrachten (ggf. Buch drehen). Aufgabe und Tauschaufgabe erfassen.   2 Aufgabe und Tauschaufgabe legen, zeichnen und ausrechnen.   3 Aufgabe und Tauschaufgabe ausrechnen, ggf. mit Plättchen legen. Einfache Aufgaben entdecken.

→ Arbeitsheft, Seite 24

Aufgabenrollen

 1

2

3 + 1 = ___	4 + 6 = ___	0 + 6 = ___
3 + 2 = ___	4 + 5 = ___	1 + 6 = ___
3 + 3 = ___	4 + 4 = ___	2 + 6 = ___
3 + 4 = ___	4 + 3 = ___	___ + ___ = ___
3 + 5 = ___	___ + ___ = ___	___ + ___ = ___

3 Schreibe ins Heft und setze fort.

8 + 2	8 + 2 = 10	4 + 6	8 + 1
7 + 2	7 + 2 =	5 + 5	7 + 2
6 + 2	6 + 2 =	6 + 4	6 + 3

 4

1 + 1	8 + 1
0 + 2	7 + 3
1 + 3	6 + 1

  5

___ + 4	5 + ___
___ + 4	5 + ___
___ + 4	5 + ___

1, 2 Aufgabenrolle kennenlernen: mit Plättchen legen, rechnen, arithmetische Muster entdecken, erklären und fortführen. Besprechen, wie weit die Rolle fortgesetzt werden kann. 3–5 Rollen im Heft um drei Zeilen ergänzen. Heftführung besprechen, ggf. Datum, Seite, Aufgabennummer ergänzen. 5 Eigene Rollen finden (mehrere Möglichkeiten).

→ Arbeitsheft, Seite 25

Einfache Plusaufgaben

1

Aufgaben mit 0	Aufgaben mit Ergebnis 10	Aufgaben mit Verdoppeln
0 + 0 = ___	0 + 10 = ___	1 + 1 = ___
1 + 0 = ___	1 + 9 = ___	2 + 2 = ___
2 + 0 = ___	2 + 8 = ___	3 + 3 = ___
3 + 0 = ___	3 + 7 = ___	4 + 4 = ___
4 + 0 = ___	4 + 6 = ___	5 + 5 = ___

2

0 + 10	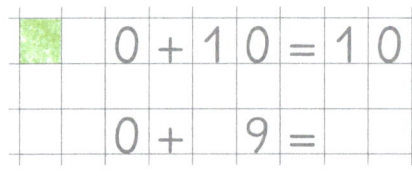 0 + 10 = 10 0 + 9 =	10 + 0
0 + 9		9 + 1
0 + 8		8 + 2
0 + 7		7 + 3
0 + 6		6 + 4

Die einfachen Aufgaben kann ich auswendig.

3 Ordne und rechne.

8 + 0	5 + 0	7 + 0
6 + 0	9 + 0	4 + 0

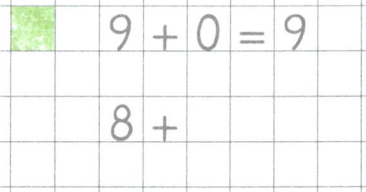

9 + 0 = 9
8 +

5 + 5	4 + 4	3 + 3
1 + 1	0 + 0	2 + 2

0 + 0 =

2 + 8	1 + 9	3 + 7
6 + 4	4 + 6	5 + 5

1 + 9 =

44

1 Aufgaben mit 0, mit Ergebnis 10 und mit Verdoppeln als einfache Aufgaben entdecken. Aufgaben lösen.
2 Weitere Aufgaben mit 0 und mit Ergebnis 10 im Heft lösen und ggf. fortführen.   3 Einfache Aufgaben im Heft ordnen und lösen.

→ Arbeitsheft, Seite 26

Ergänzen

1

8 Kinder sollen es sein. Wie viele fehlen noch?

6 + ___ = 8

2

4 + ___ = 8   6 + ___ = 9   2 + ___ = 6

3

2 + ___ = 3   2 + ___ = 8   5 + ___ = 8

4 + ___ = 5   1 + ___ = 4   4 + ___ = 6

0 + ___ = 2   3 + ___ = 10   1 + ___ = 7

3 + ___ = 7   7 + ___ = 9   6 + ___ = 10

1, 2 Ergänzungsaufgaben im Bild finden, mit Plättchen legen, einzeichnen und lösen.
3 Ergänzungsaufgaben legen, einzeichnen und die Lösung eintragen.

Plusaufgaben und Ergänzen üben

1 Rechne und kontrolliere. Eine Zahl bleibt jeweils übrig.

4 + ___ = 5	4 + ___ = 7	0 + ___ = 6	4 + ___ = 9
0 + ___ = 9	5 + ___ = 6	2 + ___ = 6	2 + ___ = 9
0 + ___ = 7	3 + ___ = 7	1 + ___ = 5	2 + ___ = 7
6 + ___ = 7	6 + ___ = 9	2 + ___ = 7	5 + ___ = 8
3 + ___ = 8	4 + ___ = 6	1 + ___ = 8	4 + ___ = 8
8 + ___ = 9	5 + ___ = 9	3 + ___ = 6	1 + ___ = 9

🔑 1 1 1 5 7 9 9   1 1 2 3 4 4   3 4 4 5 6 6 7   3 4 5 5 6 7 8

2

___ + 2 = 9	___ + 5 = 7	___ + 4 = 8	___ + ___ = 10
___ + 7 = 9	___ + 0 = 7	___ + 3 = 8	___ + ___ = 10
___ + 5 = 9	___ + 2 = 7	___ + 2 = 8	___ + ___ = 10
___ + 1 = 9	___ + 4 = 7	___ + 5 = 8	___ + ___ = 10
___ + 0 = 9	___ + 6 = 7	___ + 8 = 8	___ + ___ = 10
___ + 4 = 9	___ + 3 = 7	___ + 7 = 8	___ + ___ = 10

🔑 2 3 4 5 7 8 9   1 2 3 4 5 6 7   0 1 2 3 4 5 6

3 Rechne geschickt.

3 + 3 + 2 = ___	3 + 6 + 0 = ___	7 + 1 + 0 = ___
6 + 2 + 2 = ___	2 + 3 + 4 = ___	2 + 2 + 2 = ___
3 + 2 + 1 = ___	2 + 1 + 2 = ___	1 + 0 + 3 = ___
5 + 3 + 2 = ___	1 + 4 + 2 = ___	1 + 4 + 1 = ___

🔑 6 8 8 10 10   5 5 7 9 9   4 6 6 8 8

4

3 + 3 + ___ = 9	1 + 4 + ___ = 9	• ___ + ___ + ___ = 10
3 + 1 + ___ = 7	4 + 2 + ___ = 8	___ + ___ + ___ = 10
0 + 2 + ___ = 5	2 + 1 + ___ = 9	___ + ___ + ___ = 10
3 + 2 + ___ = 7	1 + 3 + ___ = 8	___ + ___ + ___ = 10
		___ + ___ + ___ = 10

🔑 2 2 3 3 3   2 2 4 4 6

46

1, 2 Ergänzungsaufgaben lösen.   3, 4 Additionsaufgaben und Ergänzungsaufgaben mit drei Summanden lösen.
1–4 Mit den grünen Lösungszahlen selbst kontrollieren. Pro Päckchen bleibt eine Lösungszahl übrig. Die Aufgaben ggf. mit Plättchen legen.   4 Rechts der Differenzierungslinie: Eigene Aufgaben finden.

→ Arbeitsheft, Seite 27

Formen

○ **1**

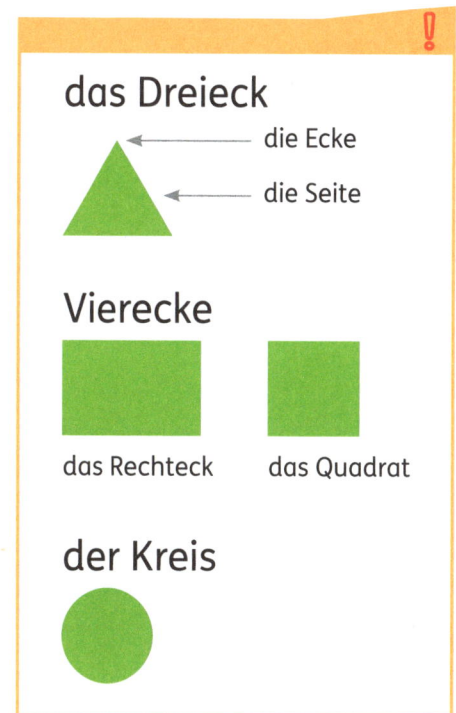

○ **2** Male aus.

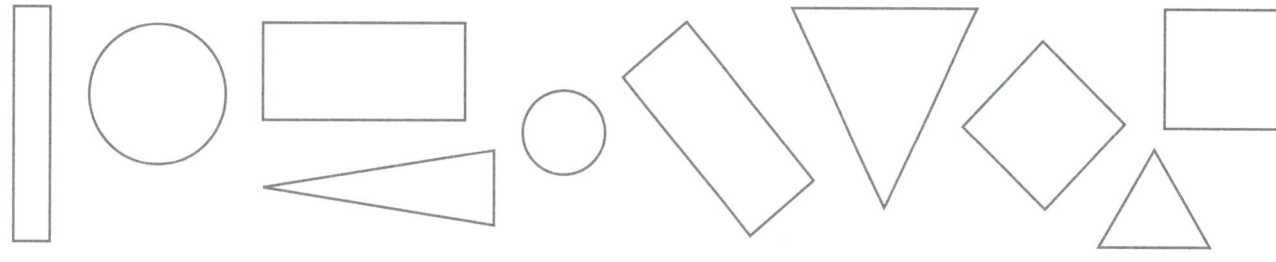

○ **3** Spure nach und zeichne zu Ende.

 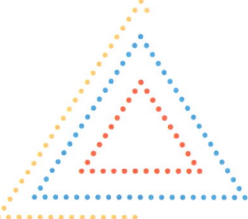 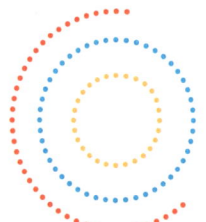 

○ **4** Zeichne.

1 Geometrische Grundformen erkennen und beschreiben (Viereck, Rechteck, Quadrat, Dreieck, Kreis). Fachbegriffe „Ecke" und „Seite" verwenden. „Fehler" im Bild finden und begründen (z. B. eckige Reifen).   **2** Grundformen entsprechend ausmalen.   **3** Formen nachspuren und ergänzen.   **4** Freihandzeichnungen anfertigen und ausmalen.

→ Arbeitsheft, Seite 28

Figuren legen

1 Lege aus.

Kannst du es auch anders auslegen?

2 Lege nach und zähle.

3 Lege nach.

Muster

○ 1

○ 2 Lege Muster. Wie geht es weiter?

○ 3 Wie geht es weiter? Zeichne.

● 4 Zeichne eigene Muster.

1, 2 Mit Geoplättchen abgebildete Muster legen, fortsetzen und zugrunde liegende Legeregel beschreiben.
3 Muster erkennen, fortführen und evtl. mustertreu anmalen. 4 Eigene Muster zeichnen.

→ Arbeitsheft, Seite 30

Minus: Es werden weniger

○ **1**

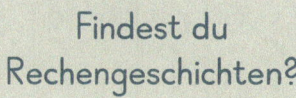
Findest du Rechengeschichten?

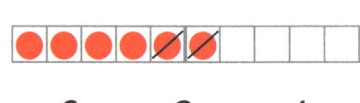
die Minusaufgabe

6 − 2 = 4

minus   gleich

6 − 2 = 4

○ **2**

7 − ___ = ___

5 − ___ = ___

8 − ___ = ___

○ **3**

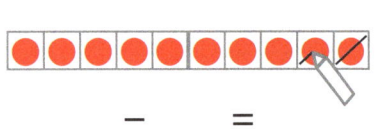
___ − ___ = ___

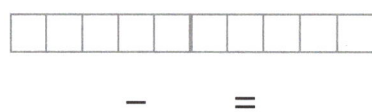
___ − ___ = ___

___ − ___ = ___

1–3 Rechengeschichten zu den Bildern erzählen. Subtraktionsaufgaben entnehmen. Die Sprech- und Schreibweise der Subtraktion einführen. Aufgaben mit Plättchen legen. Beim Legen werden die hier durchgestrichenen Plättchen weggeschoben.

→ Arbeitsheft, Seite 31

Minus: Es werden weniger

1

●●●●●●●●●⦸

10 − 1 = ___

●●●●●●●●●

___ − ___ = ___

●●●●●●●●

___ − ___ = ___

2

___ − ___ = ___

___ − ___ = ___

___ − ___ = ___

3

___ − ___ = ___

___ − ___ = ___

___ − ___ = ___

___ − ___ = ___

___ − ___ = ___

___ − ___ = ___

1, 2 Subtraktionsaufgaben erkennen. Aufgaben mit Plättchen legen und einzeichnen. Aufgaben schreiben und rechnen.
3 Es können jeweils verschiedene Aufgaben gebildet werden.

→ Arbeitsheft, Seite 31

Minusaufgaben finden

○ **1**

9 − 5 =

___ − ___ = ___

___ − ___ = ___

___ − ___ = ___

___ − ___ = ___

___ − ___ = ___

○ **2**

3 − 2 =

___ − ___ = ___

___ − ___ = ___

___ − ___ = ___

___ − ___ = ___

___ − ___ = ___

● **3**

___ − ___ = ___

___ − ___ = ___

___ − ___ = ___

Findest du drei verschiedene Aufgaben?

52

1–3 Rechengeschichten erzählen. 1 Subtraktionsaufgaben im Bild finden, einkreisen und mit Zehnerfeld verbinden. Mit Plättchen legen, einzeichnen und rechnen. Alle möglichen Aufgaben sind erlaubt. 2 Subtraktionsaufgaben dem Zehnerfeld entnehmen. Mit Plättchen legen, schreiben und rechnen. 3 Verschiedene Aufgaben zu einem Bild finden.

→ Arbeitsheft, Seite 32

Minusaufgaben üben

1

5 − 4 = ___   10 − 7 = ___   5 − 1 = ___

8 − 5 = ___   4 − 3 = ___   5 − 5 = ___

2 − 0 = ___   10 − 10 = ___   10 − 0 = ___

9 − 6 = ___   7 − 6 = ___   8 − 8 = ___

2

9 − 5 = ___   8 − 2 = ___   9 − 6 = ___   8 − 4 = ___

3 Rechne und kontrolliere. Eine Zahl bleibt jeweils übrig.

Ich kontrolliere selbst.

8 − 6 = _2_   6 − 0 = ___   7 − 2 = ___
6 − 1 = ___   3 − 3 = ___   8 − 1 = ___
9 − 1 = ___   10 − 6 = ___   7 − 0 = ___
9 − 7 = ___   7 − 7 = ___   10 − 9 = ___
5 − 0 = ___   4 − 0 = ___   6 − 5 = ___
8 − 3 = ___   9 − 3 = ___   9 − 2 = ___

🔑 2̶ 2 5 5 5 8 8   0 0 0 4 4 6 6   1 1 5 5 7 7 7

1 Subtraktionsaufgaben legen, einzeichnen und die Lösung eintragen. 2 Jede Aufgabe mit einer passenden Rechengeschichte verbinden, die Lösung eintragen und fehlendes Bild ergänzen. 3 Subtraktionsaufgaben lösen, ggf. mit Plättchen legen, und mit den grünen Lösungszahlen kontrollieren. Pro Päckchen bleibt eine Lösungszahl übrig.

→ Arbeitsheft, Seite 32/33

Aufgabenrollen

1

2

7 − 0 = ___	10 − 8 = ___	10 − 4 = ___
7 − 1 = ___	10 − 7 = ___	9 − 4 = ___
7 − 2 = ___	10 − 6 = ___	8 − 4 = ___
7 − 3 = ___	10 − 5 = ___	___ − ___ =
7 − 4 = ___	___ − ___ =	___ − ___ =

3 Schreibe ins Heft und setze fort.

3 − 1	3 − 1 = 2	10 − 7	10 − 3
4 − 2	4 − 2 =	9 − 6	9 − 3
5 − 3	5 − 3 =	8 − 5	8 − 3

4

10 − 2	9 − 0
10 − 3	8 − 1
9 − 2	9 − 2

5

8 − ___	___ − ___
8 − ___	___ − ___
8 − ___	___ − ___

Umkehraufgaben

○ 1

6 − 2 = 4
4 + 2 = 6

die Umkehraufgabe

○ 2

8 − 3 = ___
5 + 3 = 8

9 − 5 = ___
___ + 5 = 9

7 − 5 = ___
___ + 5 = 7

3 + 2 = ___
___ − 2 = 3

2 + 6 = ___
___ − 6 = 2

2 + 7 = ___
___ − 7 = 2

○ 3

4 + 2 = 6
6 − 2 =

7 + 0 = ___
___ − 0 =

8 + 2 = ___
___ − 2 =

9 − 3 = ___
___ + ___ =

4 − 3 = ___
___ + ___ =

6 − 3 = ___
___ + ___ =

1 + ___ = 5
___ − ___ =

___ + 2 = 4
___ − ___ =

10 − ___ = 4
___ + ___ =

1 Zum Bild erzählen, nachspielen, Aufgabe und Umkehraufgabe erfassen. 2 Aufgabe und Umkehraufgabe legen, zeichnen und ausrechnen. 3 Aufgabe und Umkehraufgabe ausrechnen, ggf. mit Plättchen legen.

→ Arbeitsheft, Seite 35

Zahlenmauern

○ 1

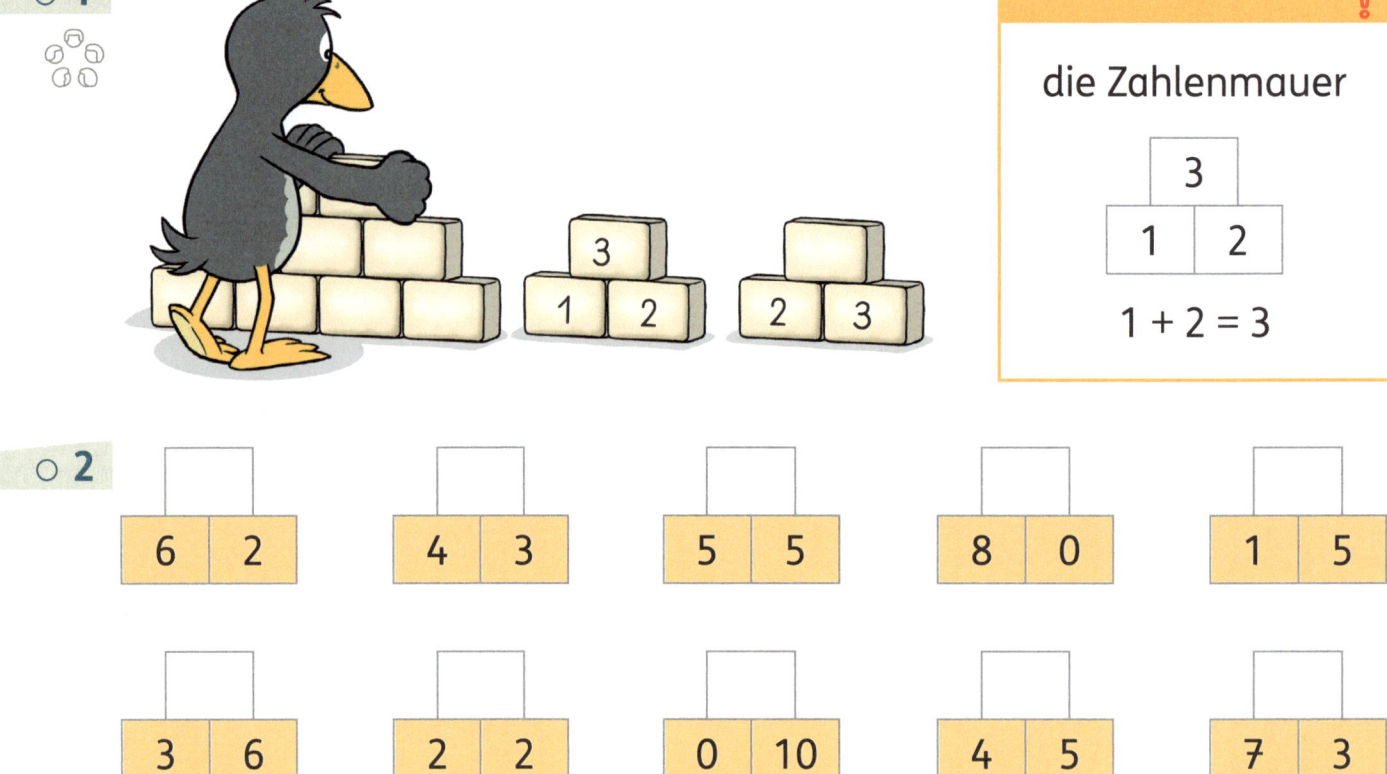

die Zahlenmauer

	3	
1	2	

1 + 2 = 3

○ 2

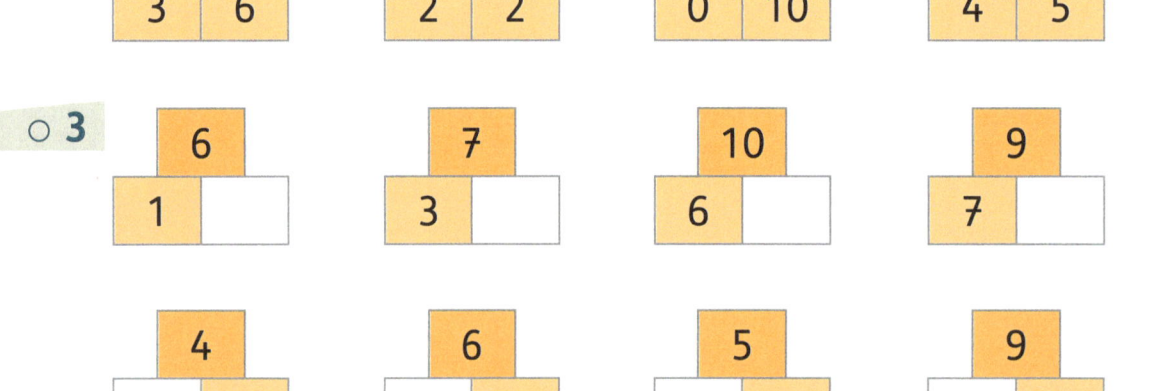

○ 3

● 4 Finde verschiedene Mauern.

Minusaufgaben üben

1 5 − ___ = 2

2
6 − ___ = 3	9 − ___ = 7	9 − ___ = 4	8 − ___ = 1
5 − ___ = 0	10 − ___ = 4	8 − ___ = 8	7 − ___ = 0
9 − ___ = 2	7 − ___ = 1	8 − ___ = 4	4 − ___ = 1
8 − ___ = 3	10 − ___ = 2	0 − ___ = 0	9 − ___ = 6
4 − ___ = 2	6 − ___ = 4	5 − ___ = 2	3 − ___ = 1
9 − ___ = 5	10 − ___ = 8	8 − ___ = 7	8 − ___ = 6

3 Nutze die Umkehraufgabe.

3 + 5 = _
_ − 5 = 3

8 − 5 = 3	___ − 3 = 3	___ − 4 = 4
___ − 1 = 4	___ − 7 = 3	___ − 6 = 3
___ − 9 = 0	___ − 1 = 2	___ − 8 = 2
___ − 2 = 6	___ − 0 = 6	___ − 2 = 4
___ − 7 = 2	___ − 6 = 1	___ − 7 = 1

4 Rechne und kontrolliere. Eine Zahl bleibt jeweils übrig.

7 − 1 − 1 = ___	10 − 5 − 3 = ___	4 − 0 − 1 = ___
8 − 3 − 2 = ___	10 − 2 − 4 = ___	10 − 2 − 2 = ___
6 − 4 − 1 = ___	7 − 3 − 0 = ___	7 − 1 − 4 = ___
9 − 3 − 3 = ___	5 − 2 − 3 = ___	9 − 0 − 7 = ___
7 − 4 − 2 = ___	6 − 0 − 6 = ___	9 − 2 − 1 = ___

1 1 3 3 5 5   0 0 2 2 4 4   2 2 3 3 6 6

1–3 Platzhalteraufgaben lösen. Eventuell Aufgaben mit Plättchen im Zehnerfeld legen.   4 Subtraktionsaufgaben mit zwei Subtrahenden lösen. Mit den grünen Lösungszahlen kontrollieren. Pro Päckchen bleibt eine Lösungszahl übrig.

→ Arbeitsheft, Seite 37

Wiederholung

1

⬜⬜⬜⬜⬜|⬜⬜⬜⬜⬜   ⬜⬜⬜⬜⬜|⬜⬜⬜⬜⬜

___ + ___ = ___   ___ − ___ = ___

2 Rechne auch die Tauschaufgabe.

2 + 3 = ___   7 + 3 = ___   4 + 5 = ___   2 + 5 = ___
3 + 2 = ___   ___ + ___ = ___   ___ + ___ = ___   ___ + ___ = ___

3 + 6 = ___   2 + 8 = ___   2 + 6 = ___   0 + 6 = ___
6 + 3 = ___   ___ + ___ = ___   ___ + ___ = ___   ___ + ___ = ___

3

4 Kontrolliere mit der Umkehraufgabe.

7 − 4 = ___   9 − 2 = ___   8 − 6 = ___   10 − 3 = ___
3 + 4 = ___   ___ + ___ = ___   ___ + ___ = ___   ___ + ___ = ___

5 + 4 = ___   3 + 6 = ___   8 + 2 = ___   1 + 9 = ___
9 − 4 = ___   ___ − ___ = ___   ___ − ___ = ___   ___ − ___ = ___

1 Additions- und Subtraktionsaufgabe erkennen. Die Aufgabe im Zehnerfeld einzeichnen. Aufgabe schreiben und rechnen.
2 Aufgabe und Tauschaufgabe ausrechnen.   3 Muster erkennen und fortsetzen.   4 Aufgabe und Umkehraufgabe ausrechnen.

→ Arbeitsheft, Seite 38

○ 5

| 1 | 7 | | 3 | 2 | | 5 | 2 | | 3 | 4 |

| | 10 | | | | 5 | | | | 9 | | | | 10 | |
| | 8 | | | | | 0 | | | 8 | | | | | 3 |

○ 6
9 + ___ = 10   8 − ___ = 3   5 + ___ = 10
2 + ___ = 6   9 − ___ = 7   6 − ___ = 5
0 + ___ = 7   6 − ___ = 3   5 + ___ = 7
6 + ___ = 8   10 − ___ = 10   9 − ___ = 1

1 2 4 6 7   0 2 3 4 5   1 2 5 6 8

● 7
1 + 4 + 3 = ___   2 + 2 + 2 = ___   1 + 4 + 2 = ___
7 + 2 + 0 = ___   4 + 1 + 5 = ___   2 + 3 + 5 = ___
1 + 6 + 2 = ___   6 + 1 + 1 = ___   1 + 7 + 2 = ___

8 9 9 10   6 8 9 10   7 9 10 10

● 8
8 − 2 − 4 = ___   10 − 0 − 8 = ___ 7 − 2 − 3 = ___
9 − 6 − 2 = ___   6 − 5 − 1 = ___   9 − 5 − 1 = ___
8 − 5 − 1 = ___   9 − 4 − 4 = ___   10 − 0 − 6 = ___

0 1 2 2   0 1 2 3   1 2 3 4

● 9
4 + 2 = ___   7 + 1 = ___   4 + 5 = ___
5 − 2 = ___   1 + 2 = ___   9 − 4 = ___
6 + 2 = ___   6 + 3 = ___   5 + 3 = ___
7 − 2 = ___   2 + 4 = ___   8 − 2 = ___

5 Fehlende Zahlen auf den Steinen eintragen.   6–8 Additions- und Subtraktionsaufgaben lösen und mit den Lösungszahlen kontrollieren. Pro Päckchen bleibt eine Zahl übrig.   9 Aufgabenrollen bearbeiten. Muster entdecken und fortführen.

→ Arbeitsheft, Seite 38

Rückblick

○ 1

links rechts

○ 2

V	Z	N
	5	
	7	
	3	
	8	

V	Z	N
	2	
	4	
	9	
	1	

V	Z	N
	1	
		6
6		
	7	

V	Z	N
	2	
		8
	0	
		10

○ 3

3   4   5   6

___ + ___   ___ + ___   ___ + ___   ___ + ___

7   8   9   10

___ + ___   ___ + ___   ___ + ___   ___ + ___

○ 4 Vergleiche.

5 > 3   8 ○ 1   5 ○ 5   7 = ___   2 = ___
1 ○ 9   4 ○ 4   10 ○ 3   7 < ___   2 < ___
3 ○ 7   0 ○ 6   7 ○ 6   7 < ___   2 < ___
4 ○ 2   2 ○ 2   0 ○ 10   7 > ___   2 > ___
0 ○ 0   5 ○ 9   1 ○ 6   7 > ___   2 > ___

1 Linke/rechte Hand bzw. Bein aus der Perspektive der Kinder erkennen und entsprechend lila bzw. rot färben.
2 Vorgänger und Nachfolger von Zahlen bestimmen.   3 Anzahlen der verdeckten Perlen bestimmen, Zerlegung notieren.
4 Zahlen vergleichen. Die Zeichen <, > und = verwenden. Passende Zahlen finden.

Knobeln mit Formen

1 Welche Figur wurde zerschnitten? Kreuze an.

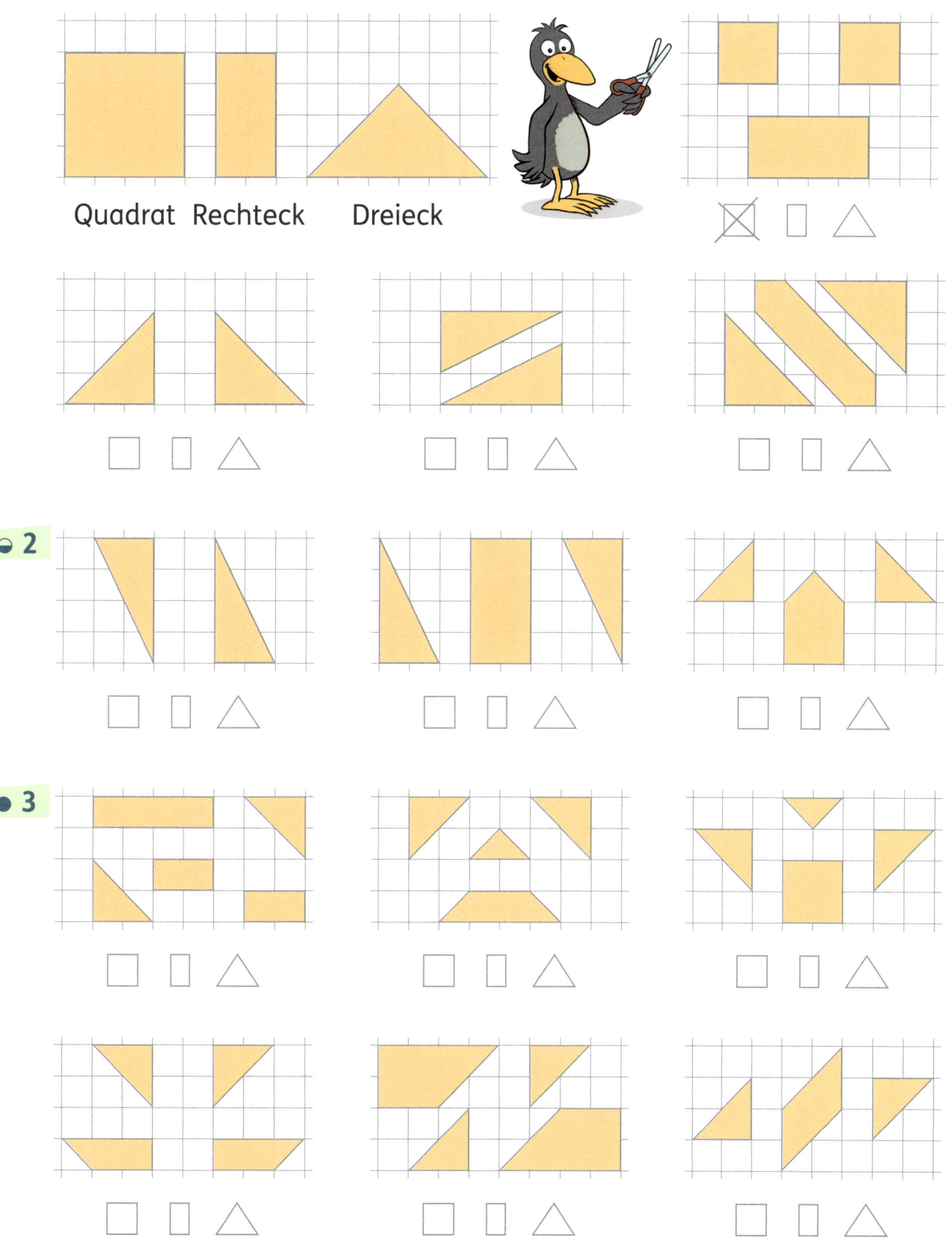

1–3 Die Figuren (Quadrat, Rechteck, Dreieck) wurden auf mehrere Arten zerschnitten. Die Kinder fügen die Puzzleteile jeweils in der Vorstellung zur Ausgangsfigur zusammen und kreuzen die entsprechende Figur an. Teilweise sind mehrere Lösungen möglich. Das kann als Gesprächsanlass genutzt werden.

→ Arbeitsheft, Seite 39

Die Zahlen bis 20

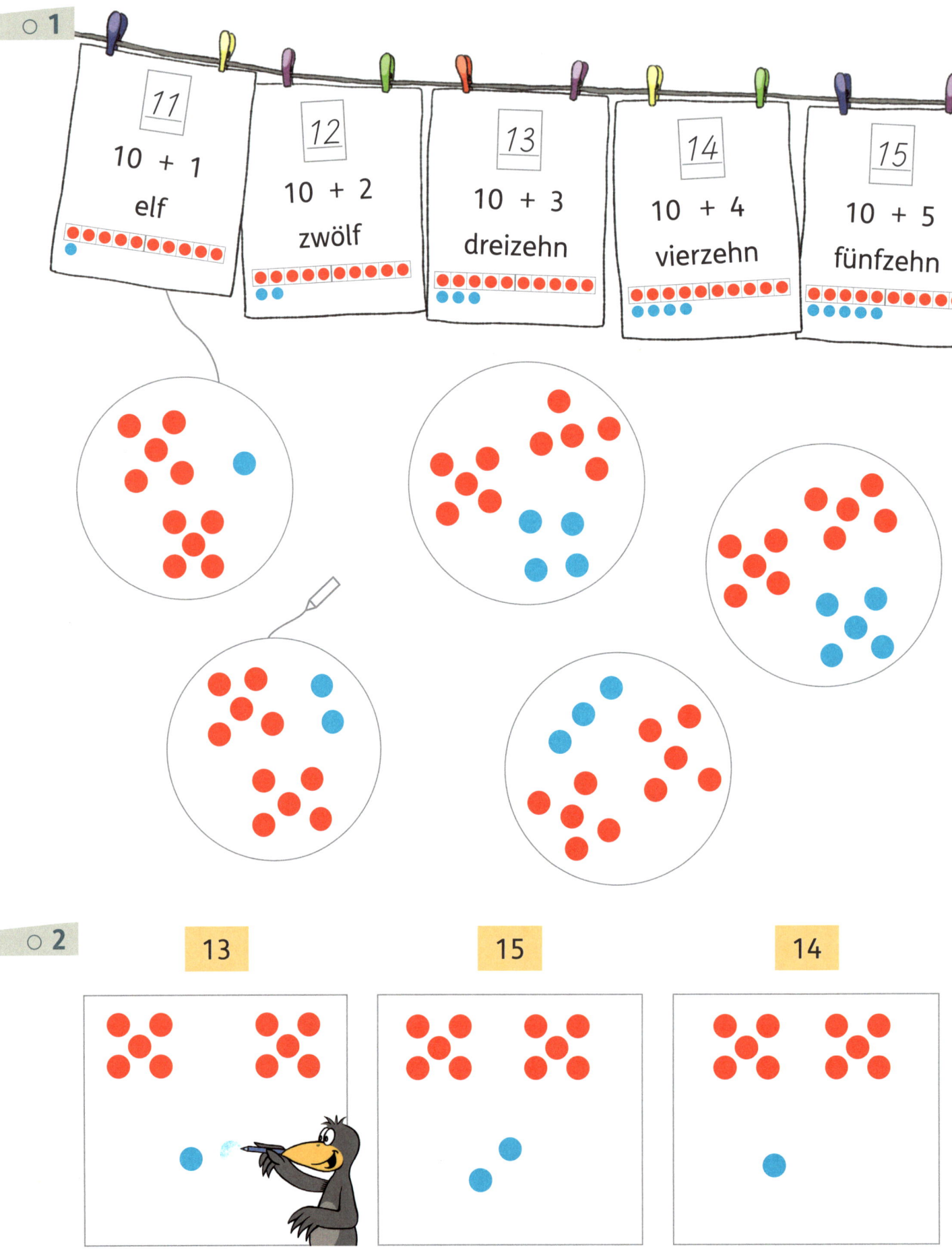

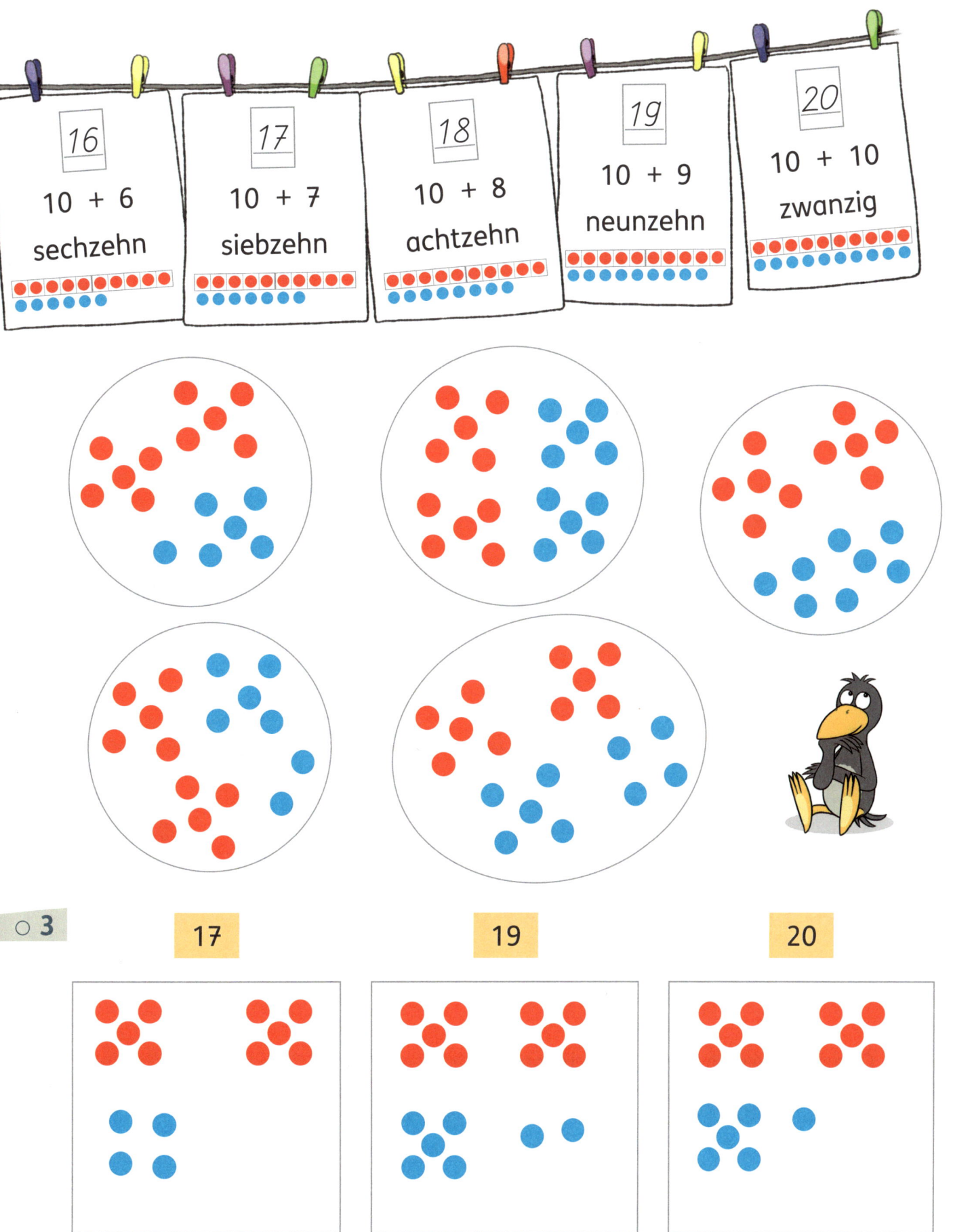

Nachbarzahlen bis 20

1

0, 1, _, 3, 4, _, 6, _, 8, _, 10
11, _, 13, 14, _, 16, 17, _, 19, 20

2 Lege und ordne.

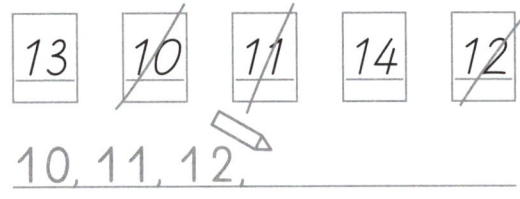

| 13 | 10 | 11 | 14 | 12 |

10, 11, 12, _____

| 20 | 18 | 16 | 17 | 19 |

_____

| 17 | 15 | 14 | 16 | 13 |

_____

| 17 | 15 | 18 | 16 | 19 |

_____

3

Vorgänger	Z	Nachfolger
16	17	18
14	15	
11	12	

V	Z	N
	11	
	18	
	16	

V	Z	N
		12
		15
		20

4

V	Z	N
	12	
9		
		19

V	Z	N
	15	
		20
	13	

V	Z	N
	15	
10		
	19	

V	Z	N
		14
	11	
	16	

5 Ordne. Beginne mit der kleinsten Zahl.

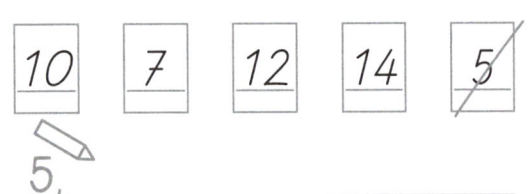

| 10 | 7 | 12 | 14 | 5 |

5, _____

| 18 | 9 | 11 | 20 | 16 |

_____

Zahlen bis 20 bündeln

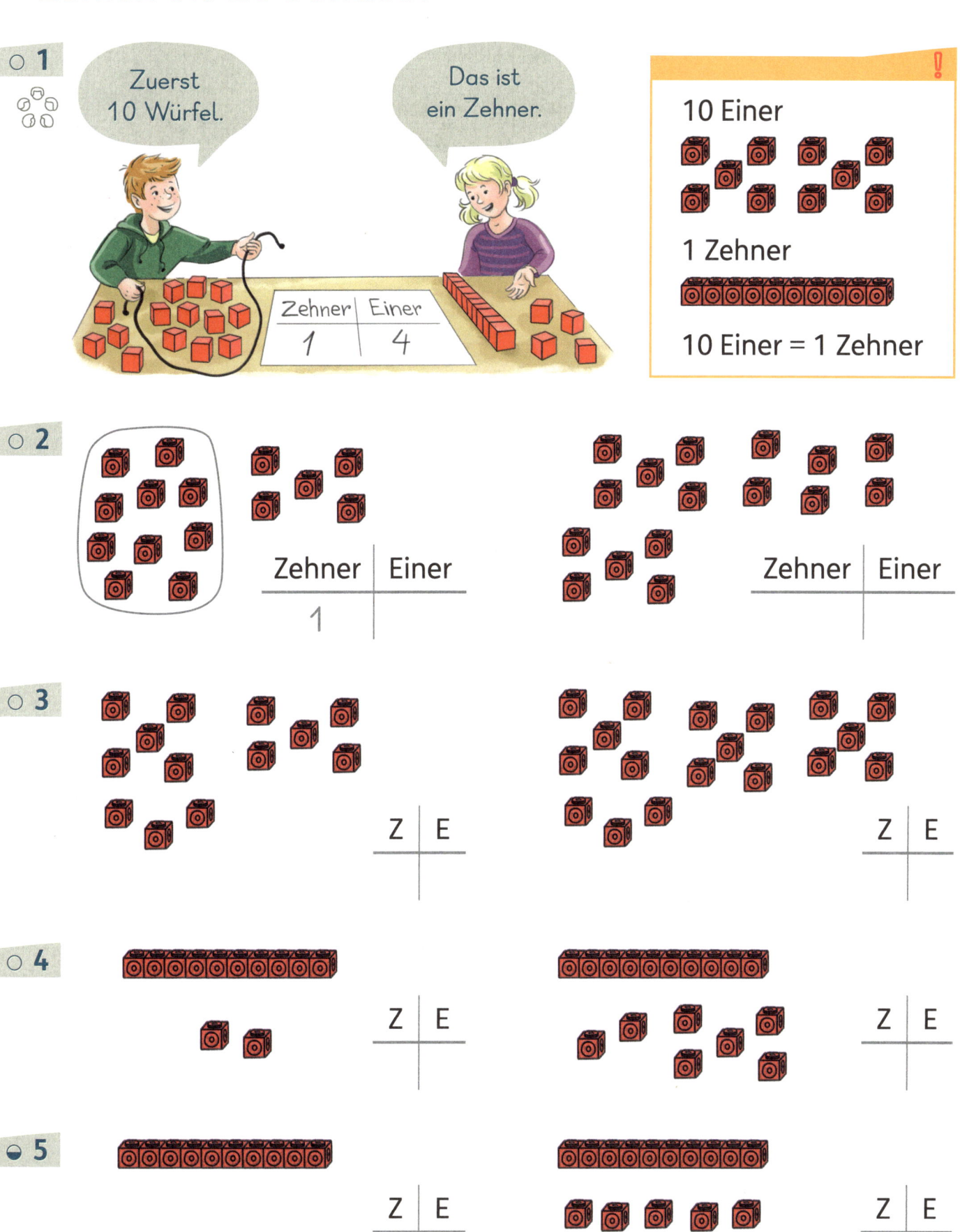

65

Das Zwanzigerfeld

○ 1

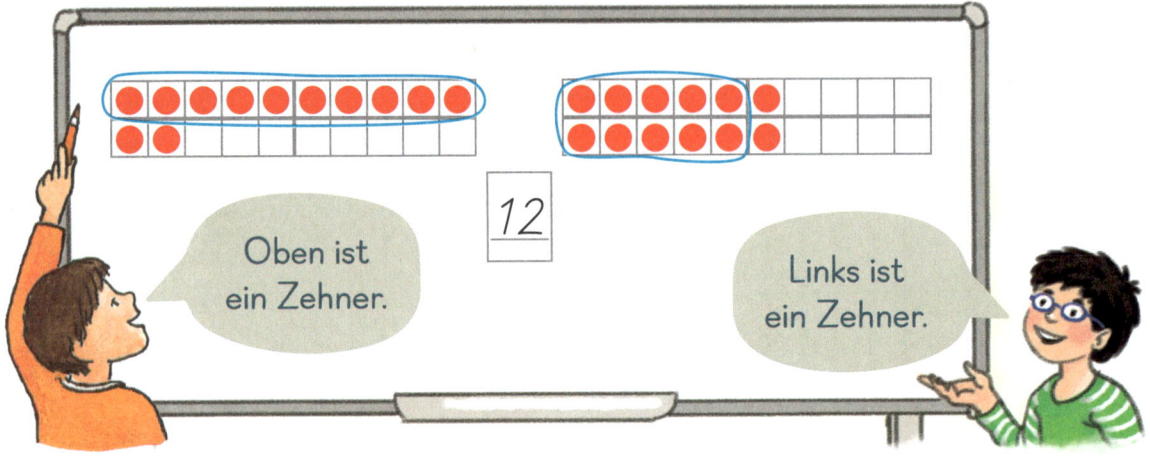

○ 2 Wie viele? Kreise jeweils den Zehner ein.

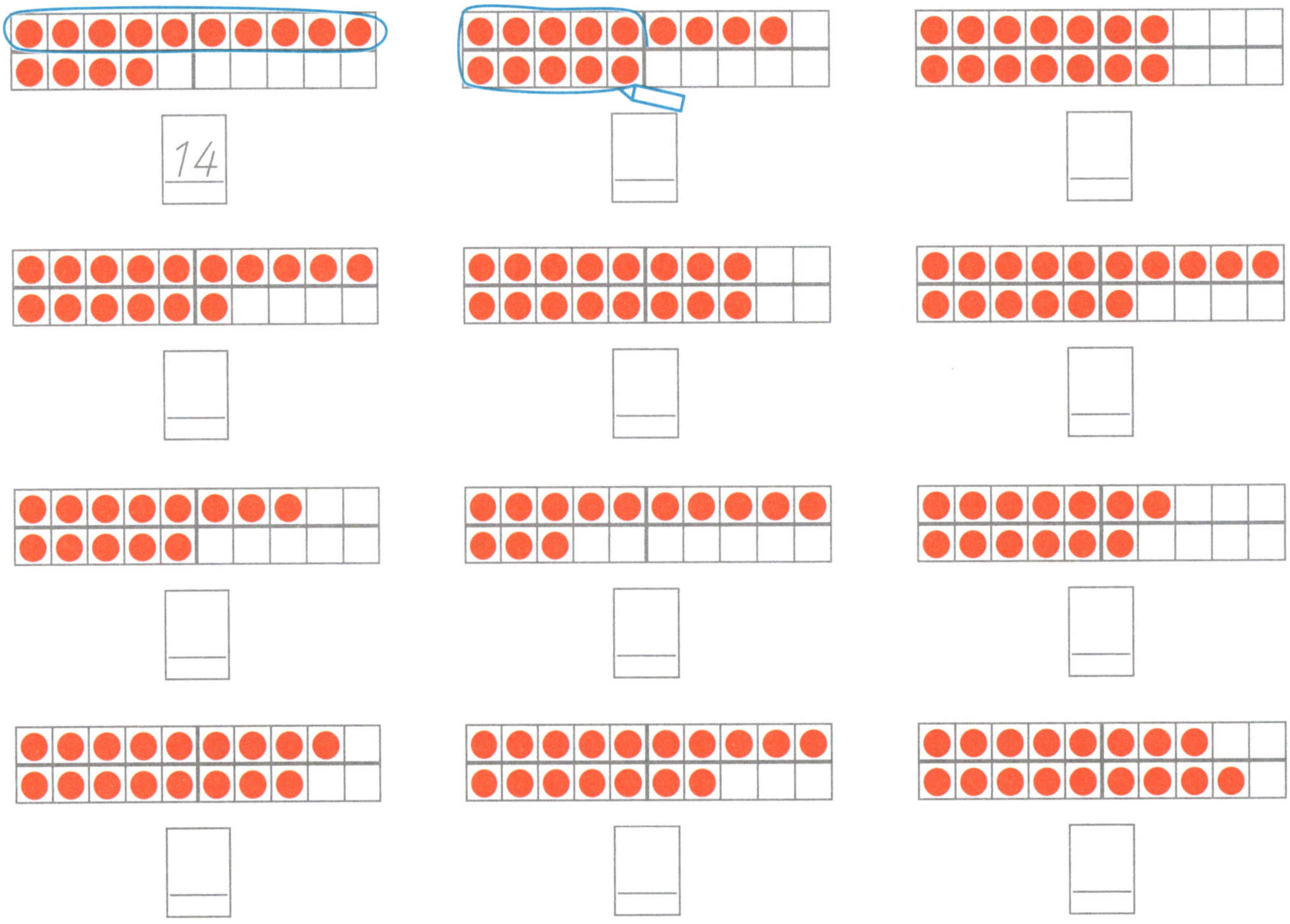

14

● 3 Lege geschickt und vergleiche mit deinem Partner.

| 11 | 12 | 13 |
| 15 | 17 | 18 |

Hier gibt es mehrere Möglichkeiten.

66 1 Struktur des Zwanzigerfeldes und unterschiedliche Legemöglichkeiten besprechen, Zahlen legen. Das Legefeld aus der Beilage nutzen. 2 Zehner einkreisen und Anzahlen bestimmen. 3 Vorgegebene Anzahlen im Zwanzigerfeld geschickt legen. Verschiedene Legemöglichkeiten finden und mit dem Partner oder der Partnerin vergleichen.

→ Arbeitsheft, Seite 43

Zuerst 10

1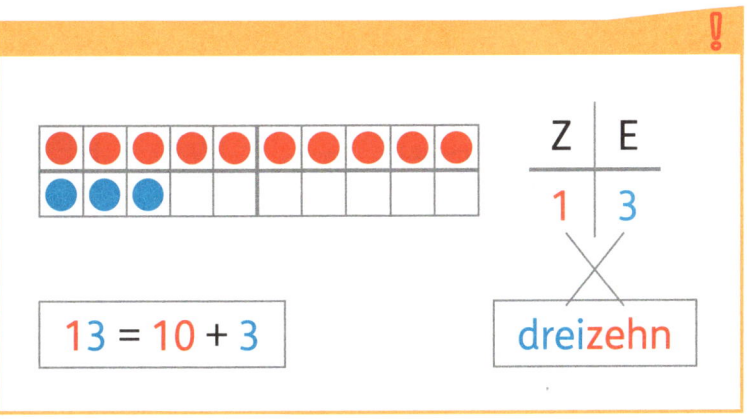

2 Zerlege die Zahlen in Zehner und Einer.

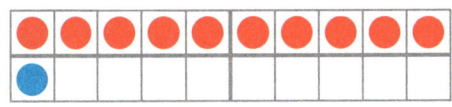
11 = 10 + 1   Z | E
               1 | 1

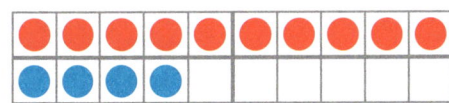
14 = 10 + ___   Z | E

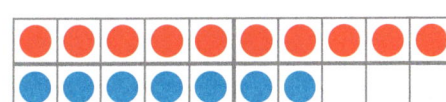
___ = ___ + ___   Z | E

12
___ = ___ + ___   Z | E

___ = ___ + ___   Z | E

3 16 = 10 + 6   13 = 10 + ___   ___ = 10 + 2   ___ = 10 + 3
18 = ___ + 8   19 = ___ + 9   ___ = 10 + 1   ___ = 10 + 7
15 = 10 + ___   10 = 10 + ___   ___ = 10 + 4   ___ = 10 + 10

4 dreizehn ___   sechzehn ___   siebzehn ___
vierzehn ___   achtzehn ___   zwölf ___
elf ___   zwanzig ___   fünfzehn ___

1 Unterschied zwischen Sprech- und Schreibweise thematisieren. 2 Zahlzerlegung vervollständigen und die Zahlen in Zehner und Einer zerlegen. Eigene Zahl ausdenken und zerlegen. 3 Zahlzerlegung vervollständigen. 4 Die Kinder lesen sich abwechselnd das Zahlwort vor und notieren die Zahl.

→ Arbeitsheft, Seite 44

Zahlen vergleichen

1

2 Baue und vergleiche. <, > oder = ?

| 3 < 8 | 4 ○ 3 | 7 ○ 5 | 8 ○ 10 | 10 ○ 6 |
| 13 ○ 18 | 14 ○ 13 | 17 ○ 15 | 18 ○ 20 | 20 ○ 16 |

| 0 ○ 0 | 9 ○ 9 | 4 ○ 6 | 10 ○ 2 | 7 ○ 8 |
| 10 ○ 10 | 19 ○ 19 | 14 ○ 16 | 20 ○ 12 | 17 ○ 18 |

3

12 < 14	14 ○ 15	11 ○ 13	13 = ___	18 = ___
12 ○ 13	15 ○ 15	20 ○ 10	13 < ___	18 > ___
12 ○ 12	16 ○ 15	7 ○ 17	13 < ___	18 > ___
12 ○ 11	17 ○ 15	14 ○ 9	13 > ___	18 < ___
12 ○ 10	18 ○ 15	18 ○ 1	___ > ___	___ < ___

4 Vergleiche die Zahlen miteinander. Finde alle Möglichkeiten.

| 5 | 6 | 9 |

5 = 5	5 < 6	5 < 9
6 = 6	6 > 5	6 < 9
9 = 9	9 > 5	9 > 6

1	2	12		4	8	13
3	14	17		15	16	19
11	18	20				

Zahlen bis 20 zerlegen

Große und kleine Plusaufgaben

1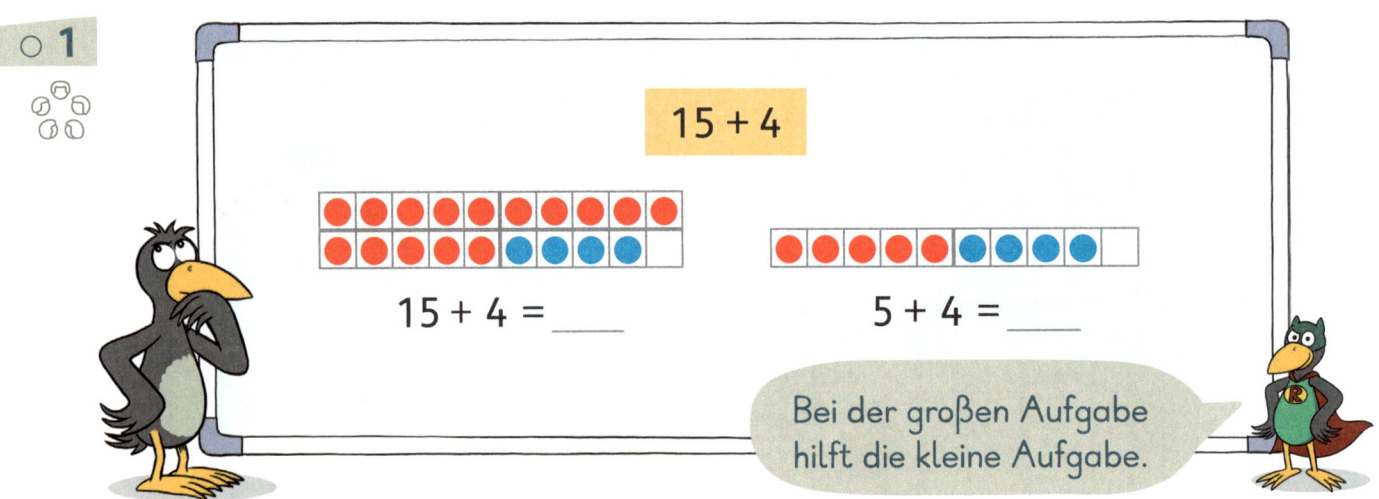

15 + 4

15 + 4 = ___   5 + 4 = ___

Bei der großen Aufgabe hilft die kleine Aufgabe.

2

16 + 2 = ___   14 + 3 = ___   13 + 5 = ___
6 + 2 = ___   4 + 3 = ___   3 + 5 = ___

17 + 2 = ___   13 + 6 = ___   15 + 1 = ___
7 + 2 = ___   3 + 6 = ___   5 + 1 = ___

3 12 + 5 = ___   14 + 6 = ___   13 + 1 = ___   11 + 7 = ___
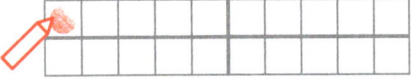
2 + 5 = 7   ___ + ___ = ___   ___ + ___ = ___   ___ + ___ = ___

11 + 8 = ___   16 + 0 = ___   12 + 7 = ___   10 + 5 = ___
___ + ___ = ___   ___ + ___ = ___   ___ + ___ = ___   ___ + ___ = ___

13 + 7 = ___   12 + 8 = ___   10 + 3 = ___   15 + 5 = ___
___ + ___ = ___   ___ + ___ = ___   ___ + ___ = ___   ___ + ___ = ___

4

12 + ___ = 19   ___ + 8 = 20   11 + ___ = 12
12 + ___ = 18   ___ + 7 = 20   ___ + ___ = ___
12 + ___ = 17   ___ + 6 = 20   ___ + ___ = ___

Tauschaufgaben

1

2

6 + 12 = ___
12 + 6 = ___

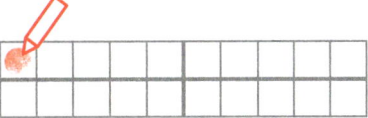

4 + 13 = ___
13 + ___ = ___

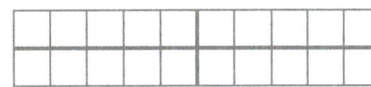

3 + 15 = ___
15 + ___ = ___

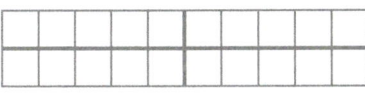

1 + 17 = ___
___ + ___ = ___

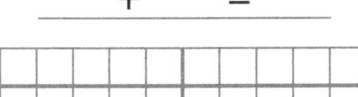

5 + 14 = ___
___ + ___ = ___

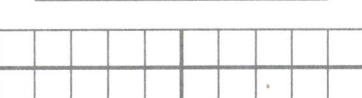

9 + 11 = ___
___ + ___ = ___

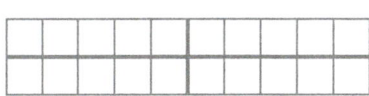

3

1 + 14 = ___
14 + 1 = ___

Welche Aufgabe findest du einfacher?

3 + 13 = ___
___ + ___ = ___

8 + 10 = ___
___ + ___ = ___

2 + 11 = ___
___ + ___ = ___

12 + ___ = 15
___ + 12 = 15

15 + ___ = 17
___ + ___ = 17

17 + ___ = 17
___ + ___ = 17

1 Situation von oben und unten betrachten. Aufgabe und Tauschaufgabe erfassen. **2** Aufgabe und Tauschaufgabe legen, zeichnen und ausrechnen. **3** Aufgabe und Tauschaufgabe erkennen bzw. ergänzen und ausrechnen, ggf. mit Plättchen legen.

→ Arbeitsheft, Seite 48

Große und kleine Minusaufgaben

1

19 − 5

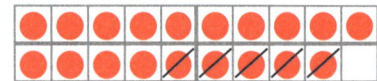

19 − 5 = ___

9 − 5 = ___

Bei der großen Aufgabe hilft die kleine Aufgabe.

2

 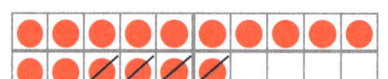 

14 − 3 = ___   16 − 4 = ___   18 − 4 = ___
4 − 3 = ___   6 − 4 = ___   8 − 4 = ___

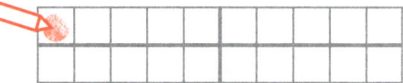 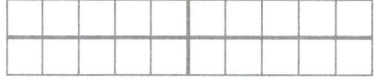

15 − 3 = ___   13 − 2 = ___   19 − 3 = ___
5 − 3 = ___   3 − 2 = ___   9 − 3 = ___

3 16 − 2 = ___   18 − 7 = ___   13 − 1 = ___   15 − 4 = ___
    6 − 2 = 4   ___ − ___ = ___   ___ − ___ = ___   ___ − ___ = ___

19 − 6 = ___   14 − 4 = ___   16 − 5 = ___   17 − 7 = ___
___ − ___ = ___ ___ − ___ = ___ ___ − ___ = ___ ___ − ___ = ___

16 − 3 = ___   15 − 0 = ___   17 − 4 = ___   20 − 7 = ___
___ − ___ = ___ ___ − ___ = ___ ___ − ___ = ___ ___ − ___ = ___

4

18 − ___ = 11   ___ − 8 = 12   19 − ___ = 10
18 − ___ = 12   ___ − 7 = 12   ___ − ___ = ___
18 − ___ = 13   ___ − 6 = 12   ___ − ___ = ___

---

1 Zur großen Subtraktionsaufgabe die kleine Aufgabe (Analogieaufgabe) erkennen. Beide Aufgaben mit Plättchen legen.
2 Die große und die kleine Aufgabe (Analogieaufgabe) mithilfe des Zwanzigerfeldes lösen. 3 Die Aufgaben können auch durch Legen oder Zeichnen gelöst werden. 4 Aufgabenrollen im Heft bearbeiten und fortführen. Eigene Rolle finden.

→ Arbeitsheft, Seite 49

Umkehraufgaben

1

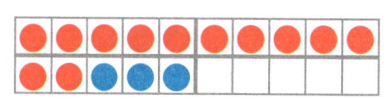

15 − 3 = ___

___ + 3 = 15

2

17 − 2 = ___   18 − 4 = ___   19 − 8 = ___

___ + 2 = ___   ___ + ___ = ___   ___ + ___ = ___

11 + 4 = ___   13 + 5 = ___   14 + 0 = ___

___ − 4 = ___   ___ − ___ = ___   ___ − ___ = ___

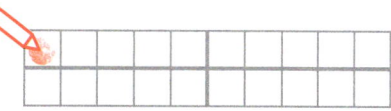

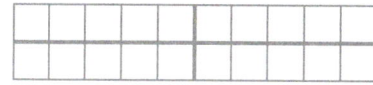

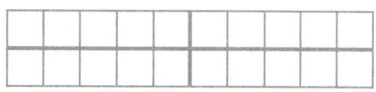

3 Kontrolliere mit der Umkehraufgabe.

17 − 5 = ___   12 − ___ = 10   16 − ___ = ___

___ + ___ = ___   10 + ___ = ___   ___ + ___ = 16

11 + 2 = ___   14 + ___ = 18   ___ + ___ = 15

___ − ___ = ___   18 − ___ = ___   15 − ___ = ___

1 Zusammenhang zwischen Aufgabe und Umkehraufgabe erkennen. 2 Plättchen legen und zeichnen, Umkehraufgabe notieren und lösen. 3 Zu den Aufgaben die Umkehraufgaben notieren und ausrechnen, ggf. mit Plättchen legen. In der dritten Spalte sind verschiedene Lösungen möglich.

→ Arbeitsheft, Seite 50

Aufgabenfamilien

1

Haus:
5
2   3
●●●●● (2 rot, 3 blau)
2 + 3 = _5_
3 + 2 = ___
5 − 3 = ___
5 − 2 = ___

die Aufgabenfamilie

2

Haus: 8 / 5 3
5 + 3 = _8_
3 + _5_ = ___
8 − 3 = ___
8 − ___ = ___

Haus: 9 / 2 7
2 + 7 = ___
___ + ___ = ___
9 − 7 = ___
___ − ___ = ___

Haus: 7 / 6 1
6 + 1 = ___
___ + ___ = ___
7 − ___ = ___
___ − ___ = ___

3

Haus: 18 / 15 3
15 + 3 = ___
3 + ___ = ___
18 − 3 = ___
18 − ___ = ___

Haus: 19 / 12 7
12 + 7 = ___
___ + ___ = ___
19 − 7 = ___
___ − ___ = ___

Haus: 17 / 16 1
16 + 1 = ___
___ + ___ = ___
17 − ___ = ___
___ − ___ = ___

1 Aufgabenfamilien kennenlernen. Bilder besprechen und mit den Aufgaben verbinden. Eine Aufgabe reicht aus, um alle Aufgaben einer „Familie" zu finden. Die Zahlen im Dach ergeben sich auch aus jeder einzelnen Aufgabe. Die Situation ggf. nachspielen und die Aufgaben im Zehnerfeld legen. **2, 3** Aufgabenfamilien vervollständigen.

→ Arbeitsheft, Seite 51

Tabellen

1

die Tabelle   die Spalte ↓

die Zeile →

2

+	5	6	1
2	2 + 5 =	+ =	+ =
4	4 + =	+ =	+ =
3	+ =	+ =	+ =

−	2	4	3
6	6 − 2 =	− =	− =
8	8 − =	− =	− =
10	− =	− =	− =

3

+	4	2	3
10	14		
12			
16			

−	5	3	4
15	10		
17			
19			

+	3	2	5
10	13		
15			
13			

4

−	6	5	
20			
18		13	
16			15

+	1	4	
13			
		15	
14			19

−	3	5	6
		15	
17			
			13

1 Vorgehensweise bei Tabellen kennenlernen und besprechen. 2 Im Bereich der Addition und Subtraktion die Tabelle als Aufgabenformat einführen und üben. Als Hilfestellung die komplette Aufgabe in der Tabelle notieren. 3, 4 Aufgaben in einer Tabelle lösen.

→ Arbeitsheft, Seite 52

Verdoppeln

1 Finde Aufgaben zum Verdoppeln.

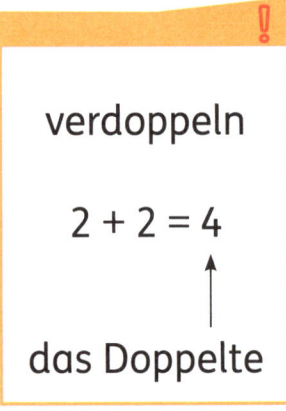

verdoppeln

2 + 2 = 4
↑
das Doppelte

4 + 4 = ___   ___ + ___ = ___   ___ + ___ = ___

2 Verdopple mit dem Spiegel.

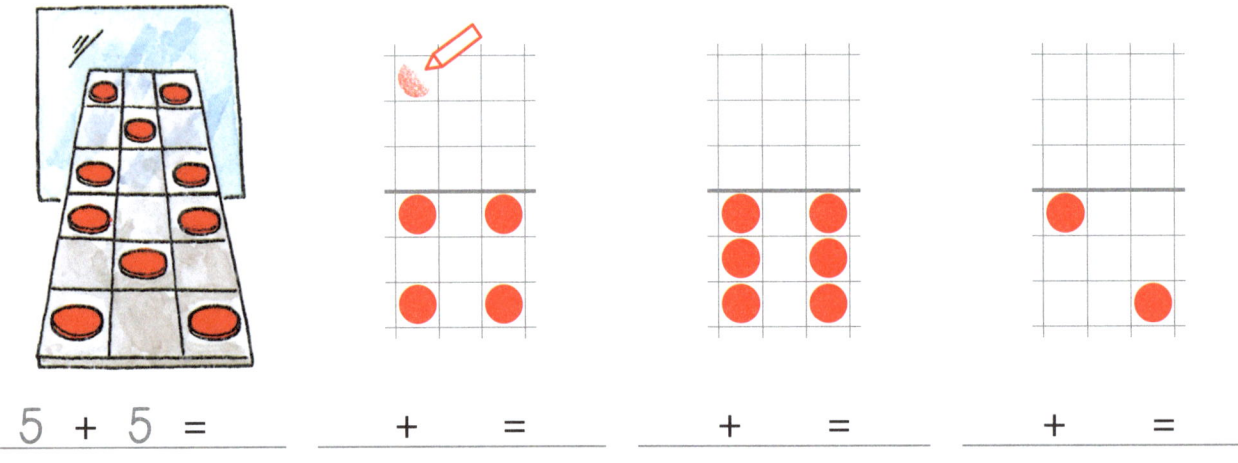

5 + 5 = ___   ___ + ___ = ___   ___ + ___ = ___   ___ + ___ = ___

3
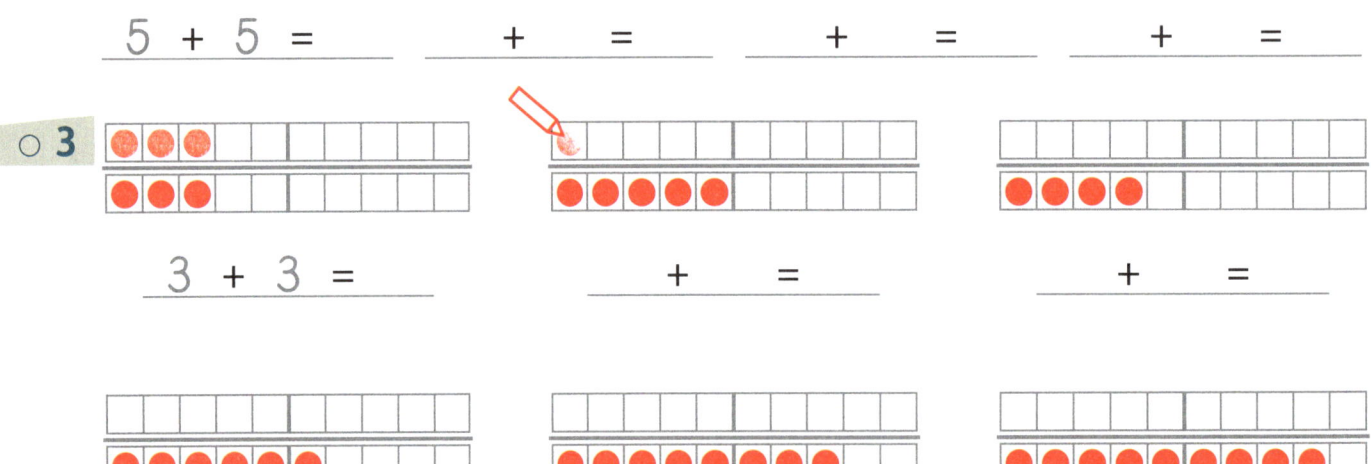

3 + 3 = ___   ___ + ___ = ___   ___ + ___ = ___

___ + ___ = ___   ___ + ___ = ___   ___ + ___ = ___

4

die Zahl	1	2	3	4	5	6	7	8	9	10
das Doppelte										

1 Situation nachspielen. Mit dem Spiegel experimentieren. Verdopplungsaufgaben in dem Bild finden. 2, 3 Plättchenmuster spiegeln, Spiegelbild einzeichnen, die Verdopplungsaufgaben schreiben und lösen. 4 Plättchen legen und spiegeln, gedoppelte Anzahl erkennen und die Lösung in die Tabelle schreiben.

→ Arbeitsheft, Seite 53

Halbieren

1 Finde Aufgaben zum Halbieren.

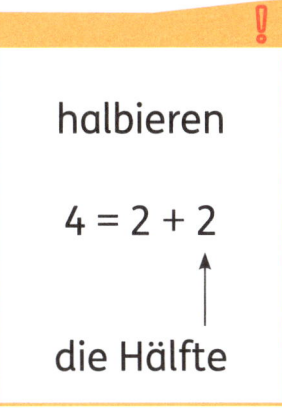

> halbieren
>
> 4 = 2 + 2
> ↑
> die Hälfte

___ = ___ + ___   ___ = ___ + ___   ___ = ___ + ___

2 Halbiere.

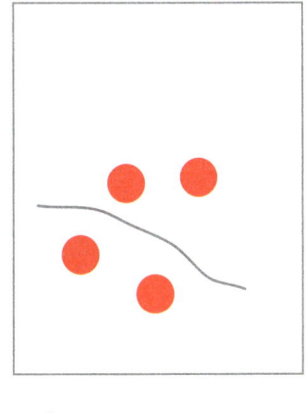
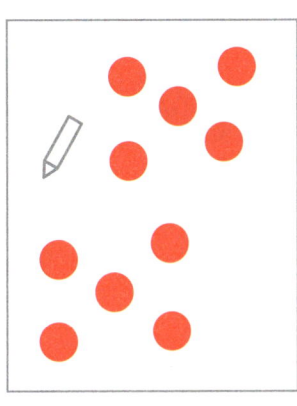

4 = ___ + ___   10 = ___ + ___   8 = ___ + ___   16 = ___ + ___

3 Färbe jeweils die Hälfte.

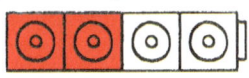   4 = 2 + ___

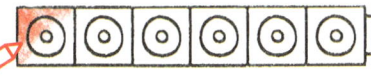   6 = ___ + ___

    12 = ___ + ___

    14 = ___ + ___

4

die Zahl	14		20	8	2	16				6
die Hälfte	7	5					6	2	9	

1 Situationen nachspielen. Halbierungsaufgaben in dem Bild finden. 2 Die Plättchen durch eine Halbierungslinie gleich aufteilen. 3 Steckwürfel als Lösungshilfe verwenden. 4 Überlegen, ob halbiert oder verdoppelt werden muss, ggf. Plättchen als Hilfsmittel nutzen.

→ Arbeitsheft, Seite 54

Geld: Cent

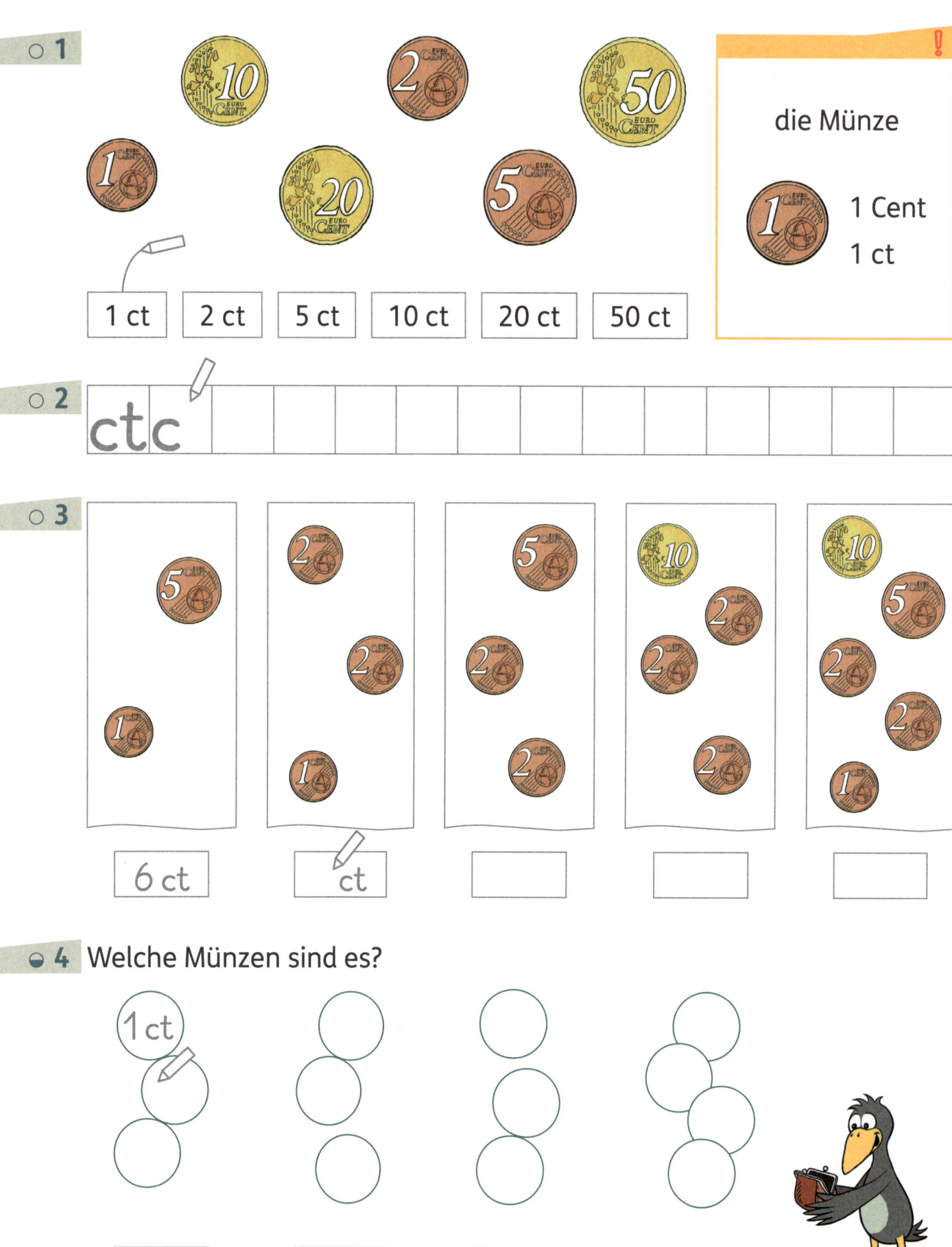

Geld: Euro

1

| 1 € | 2 € | 5 € | 10 € | 20 € |

1 Euro
1 €

der Schein

2

€ €

3

☐ € ☐ ☐ ☐ ☐

4 Welche Münzen und Scheine sind es?

| 4 € | 5 € | 9 € | 12 € | 17 € |

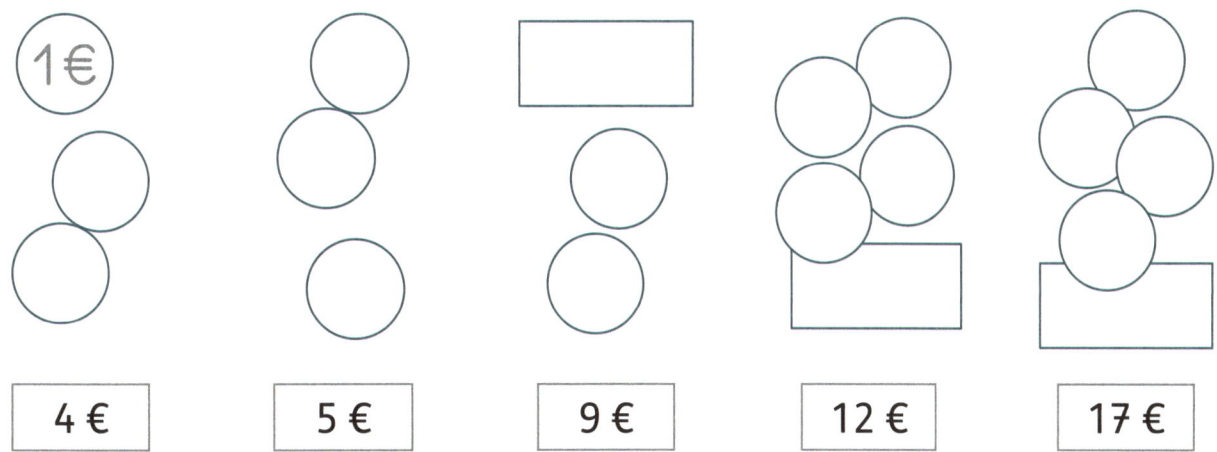

1 Euro-Münzen und -Scheine kennenlernen und mit ihrem Wert verbinden. 2 Schreibweise des Euro-Zeichens üben.
3 Euro-Beträge legen und den Wert notieren. 4 Geldbeträge mit der vorgegebenen Anzahl an Münzen und Scheinen legen und notieren.

→ Arbeitsheft, Seite 56

Mit Geld rechnen

○ **1**

11 € + 2 € =

○ **2**

● **3**

       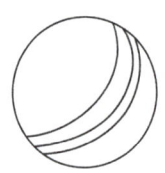

80 Zum Bild erzählen, Sachsituation zum Thema „Flohmarkt" spielen und Aufgaben dazu finden.
1–3 Gesamtpreis berechnen und notieren. Anschließend als Münzen und Scheine malen.

→ Arbeitsheft, Seite 57

○ 4 Sina hat:  Sie kauft:  Jan hat:  Er kauft:

5 € – 4 € =

Sie bekommt _____ € zurück.   Er bekommt _____ € zurück.

◐ 5 Tim hat:  Er kauft:  Lara hat:  Sie kauft:

Er bekommt _____ € zurück.   Sie bekommt _____ € zurück.

◐ 6 Du hast:    Du kaufst:

Du bekommst _____ € zurück.

4, 5 Restgeld berechnen und notieren.   **6** Eigene Aufgabe notieren und lösen.

81

→ Arbeitsheft, Seite 58

Wiederholung

 1

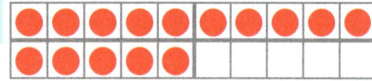 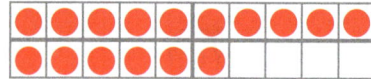 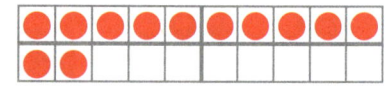

_____   _____   _____

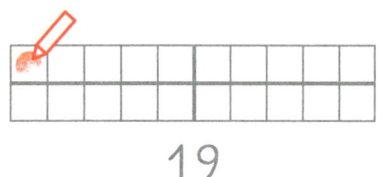 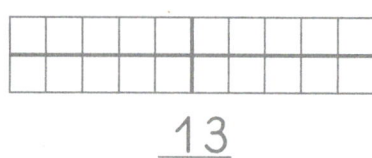 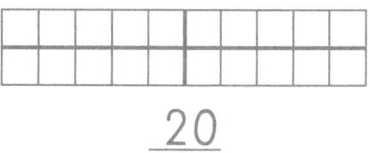

19   13   20

2

14 + 4 = ___	17 + 2 = ___	16 − 1 = ___	15 − 4 = ___
12 + 8 = ___	18 + 0 = ___	18 − 8 = ___	13 − 0 = ___
16 + 1 = ___	16 + 4 = ___	14 − 3 = ___	18 − 7 = ___
13 + 5 = ___	10 + 7 = ___	19 − 6 = ___	20 − 9 = ___
11 + 9 = ___	15 + 3 = ___	17 − 5 = ___	19 − 2 = ___

🗝 17 18 18   17 17 18   10 11 12   10 11 11
   19 20 20   18 19 20   13 14 15   11 13 17

3 Kontrolliere mit der Umkehraufgabe.

16 − 5 = 11	15 − 3 = ___	19 − 4 = ___	14 − 1 = ___
11 + ___ = ___	___ + ___ = ___	___ + ___ = ___	___ + ___ = ___
12 + 6 = ___	13 + 5 = ___	15 + 0 = ___	11 + 8 = ___
___ − ___ = ___	___ − ___ = ___	___ − ___ = ___	___ − ___ = ___

4

☐ €   ☐   ☐   ☐

1 Anzahlen am Zwanzigerfeld bestimmen und gegebene Zahlen im Zwanzigerfeld darstellen.   2 Additions- und Subtraktionsaufgaben lösen.   3 Zu den Aufgaben die Umkehraufgaben notieren und ausrechnen.   4 Euro-Beträge bestimmen und notieren.

→ Arbeitsheft, Seite 59

5

Haus 1 (8 | 2 6):
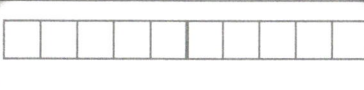
2 + 6 = ___
6 + ___ = ___
8 − 6 = ___
8 − ___ = ___

Haus 2 (17 | 15 2):
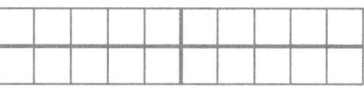
15 + 2 = ___
___ + ___ = ___
17 − 2 = ___
___ − ___ = ___

Haus 3 (20 | 8 12):
8 + ___ = ___
___ + ___ = ___
20 − ___ = ___
___ − ___ = ___

6

4 + 12 = ___
19 − 3 = ___
16 + 2 = ___
13 + 1 = ___
14 − 3 = ___

11 13 14 16 16 18

17 − 6 = ___
6 + 12 = ___
3 + 16 = ___
19 − 8 = ___
13 − 3 = ___

10 11 11 12 18 19

11 + ___ = 18
16 − ___ = 13
18 − ___ = 18
1 + ___ = 15
19 + ___ = 19

0 0 3 7 14 19

7

15 + 1 = ___
15 − 1 = ___
15 + 2 = ___
15 − 2 = ___
___
___

14 + 3 = ___
14 − 3 = ___
15 + 2 = ___
15 − 2 = ___
___
___

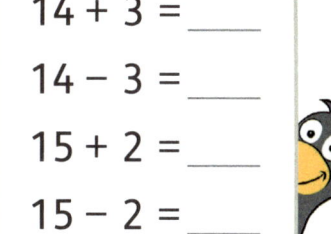

20 + 0 = ___
19 − 1 = ___
18 + 2 = ___
17 − 3 = ___
___
___

8

+	12	13
6		
4	14	
		20

−	3	5	2
15			
	15		
			18

+	4	
	16	
	19	16
15		17

5 Aufgabenfamilien vervollständigen und ausrechnen.   6 Additions- und Subtraktionsaufgaben lösen.   7 Aufgabenrollen bearbeiten. Die vorgegebenen Muster fortsetzen.   8 Additions- und Subtraktionsaufgaben in Tabellen lösen.

→ Arbeitsheft, Seite 59

Rückblick

1

2 Lege nach und zähle.

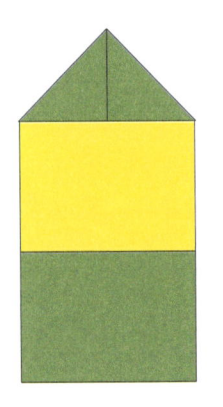  

△ 2 □ __   △ __ □ __ □ __   △ __ □ __ □ __

3

2 + 4 = ___	8 + 0 = ___	4 − 2 = ___	7 − 1 = ___
5 + 3 = ___	6 + 2 = ___	5 − 4 = ___	9 − 8 = ___
3 + 7 = ___	5 + 5 = ___	6 − 3 = ___	6 − 4 = ___
7 + 2 = ___	0 + 7 = ___	9 − 5 = ___	3 − 3 = ___
4 + 6 = ___	9 + 1 = ___	5 − 0 = ___	7 − 6 = ___

🗝 6 7 8 9 10 10   7 8 8 9 10 10   0 1 2 3 4 5   0 1 1 2 5 6

4

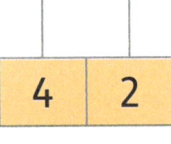
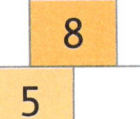

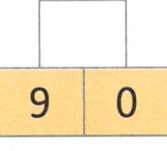
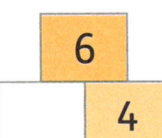

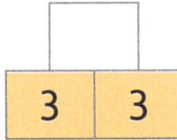
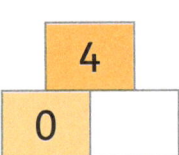

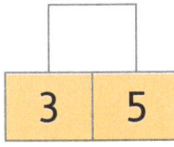

1 Erkennen, in welcher Reihenfolge die Schnecken das Ziel erreichen werden, und die Reihenfolge notieren. 2 Gebäude nachlegen und die Anzahl der jeweiligen Plättchen bestimmen. 3 Additions- und Subtraktionsaufgaben lösen. 4 Zahlenmauern lösen.

Knobeln mit Zahlen

1 Welches Zeichen steht für welche Zahl?

| 10 + ★ = 17 | 20 − ♥ = 13 | ♥ + 4 = 16 | ★ + 0 = 20 |
| ♥ + 5 = ★ | ♥ − 6 = ★ | ❀ + ♥ = 14 | ★ − ♥ = 12 |

★ _7_ ♥ _2_   ♥ ___ ★ ___

| 18 − ⬠ = 14 | 16 − ❀ = 11 | ❀ + ❀ = 4 | ❀ + ❀ = 20 |
| ❀ − 6 = ⬠ | ❀ + ⬠ = 15 | 13 − ❀ = ⬠ | ❀ − ❀ = ⬠ |

2

| ● + ● = 6 |
| ■ + ● = 7 |
| ■ + ■ = ⬡ |
| ⬡ − ● = ▲ |

Ich fange hier an.

| ● − ■ = 1 |
| ■ + ■ = 14 |
| ● − ⬡ = ⬡ |
| ● + ▲ = 10 |

3

| ⬡ + ⬡ + ⬡ = 6 |
| ⬡ + ▲ + ▲ = 16 |
| ▲ + ⬡ + ■ = 17 |
| 19 − ▲ + ■ = ● |

| ■ + ■ + ✚ = 15 |
| ✚ + ✚ + ✚ = 9 |
| 14 − ● − ● = ■ |
| ● + ✚ + ▲ = 16 |

1–3 Zahlbeziehungen erkennen und zum Lösen der Symbolrätsel nutzen. Jede Form / Farbe steht dabei für eine Zahl. Die Lösungen auf die dafür vorgesehenen Linien eintragen. Die Kinder können die Zahlen auch als zusätzliche Hilfe direkt in die Formen schreiben.

→ Arbeitsheft, Seite 60

Plus: Rund um die 10

1

2 Ergänze zur 10.

4 + _6_ = 10	1 + ___ = 10	___ + 2 = 10
5 + ___ = 10	3 + ___ = 10	___ + 0 = 10
6 + ___ = 10	2 + ___ = 10	___ + 1 = 10
7 + ___ = 10	0 + ___ = 10	___ + 9 = 10

3 Zuerst zur 10.

(6 + 4) + 2 = _12_   2 + 8 + 3 = ___
5 + 5 + 9 = ___   3 + 7 + 5 = ___
7 + 3 + 6 = ___   4 + 6 + 8 = ___
8 + 2 + 3 = ___   0 + 10 + 4 = ___

5 + ___ + 8 = 18   1 + ___ + ___ = 16
9 + ___ + 9 = 19   8 + ___ + ___ = 11
6 + ___ + 9 = 19   7 + ___ + ___ = 14
2 + ___ + 7 = 17   0 + ___ + ___ = 17

4

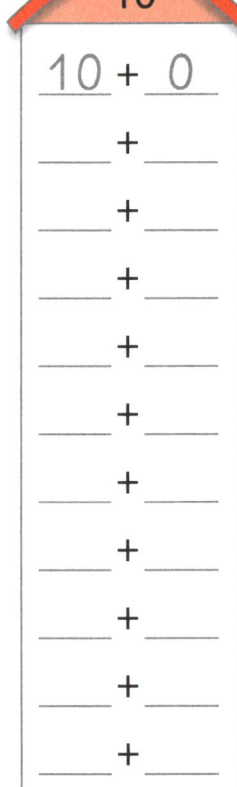

10

10 + 0
___ + ___
___ + ___
___ + ___
___ + ___
___ + ___
___ + ___
___ + ___
___ + ___
___ + ___
___ + ___

5

8 + 1	7 + 2	6 + 3
8 + 2	7 + 3	6 + 4
8 + 3	7 + 4	6 + 5

1–5 Zentrale Übungen zum Ergänzen und Zerlegen in Vorbereitung auf die Zehnerüberschreitung beim Addieren durchführen.
1, 2 Ergänzen bis 10 (am Zehnerfeld) üben. **3** Zehnerübergang vorbereiten: Addieren bis 10 und dann weiter. **4** Zerlegung der 10 wiederholen. **5** Zehnerübergang vorbereiten: schrittweise über den Zehner. Rollen im Heft notieren und fortführen.

→ Arbeitsheft, Seite 61

Plus: Zuerst bis zur 10

○ **1** 8 + 5

Zuerst bis zur 10, dann weiter.

$8 + 5 = 13$
$8 + \boxed{2} = 10$
$10 + \boxed{3} = 13$

○ **2**

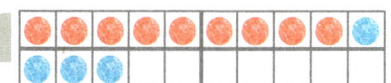

9 + 4 = ___
___ + ___ = 10
___ + ___ = ___

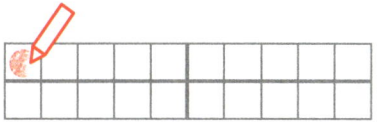

4 + 7 = ___
___ + ___ = 10
___ + ___ = ___

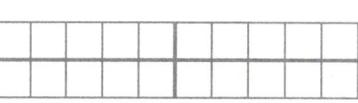

8 + 6 = ___
___ + ___ = 10
___ + ___ = ___

9 + 3 = ___
___ + ___ = ___
___ + ___ = ___

7 + 8 = ___
___ + ___ = ___
___ + ___ = ___

6 + 9 = ___
___ + ___ = ___
___ + ___ = ___

○ **3** 5 + 8 = ___
___ + ___ = ___
___ + ___ = ___

2 + 9 = ___
___ + ___ = ___
___ + ___ = ___

3 + 9 = ___
___ + ___ = ___
___ + ___ = ___

○ **4**

9 + 2 = ___	4 + 9 = ___	6 + 7 = ___	8 + 7 = ___
5 + 9 = ___	7 + 5 = ___	4 + 8 = ___	9 + 8 = ___
3 + 8 = ___	5 + 6 = ___	5 + 7 = ___	7 + 4 = ___
6 + 8 = ___	9 + 7 = ___	7 + 9 = ___	8 + 4 = ___

🔑 11 11 13   11 12 13   12 12 13   11 11 12
    14 14   15 16   13 16   15 17

Diese Seite kann auch nach der Seite 88 bearbeitet werden. **1** Zehnerübergang mit der Strategie „Zuerst bis zur 10" am Bild und am Zwanzigerfeld erarbeiten. **2, 3** Aufgaben mit der Strategie „Zuerst bis zur 10" lösen, ggf. am Zwanzigerfeld legen und zeichnen. **4** Zehnerübergang üben, ggf. Zwanzigerfeld nutzen.

→ Arbeitsheft, Seite 62

Plus: Rechenwege über die 10

1 6 + 7

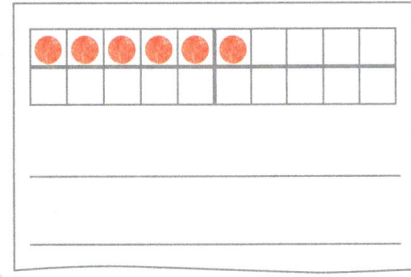

Wie rechnest du?

zuerst bis zur 10	zuerst verdoppeln	tauschen
6 + 7 = 13	6 + 7 = 13	6 + 7 = 13
6 + 4 = 10	6 + 6 = 12	7 + 3 = 10
10 + 3 = 13	12 + 1 = 13	10 + 3 = 13

2 Wie rechnest du? Lege, zeichne und rechne.

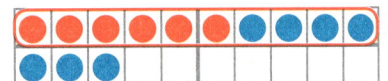

8 + 5 =

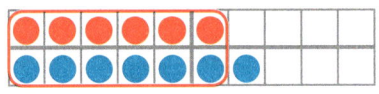

7 + 6 =

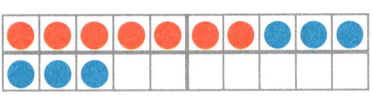

7 + 7 =

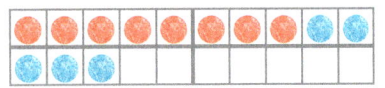

8 + 9 =

9 + 5 =

5 + 8 =

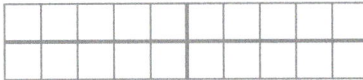

3 8 + 7 =

6 + 9 =

9 + 9 =

Die 1 + 1 Tafel

○ 1

| mit 0 oder mit 10 | | mit Ergebnis 10 | mit Verdoppeln |

0 + 0 = ___
1 + 0 = ___
2 + 0 = ___
3 + 0 = ___
4 + 0 = ___

1 + 10 = ___
2 + 10 = ___
3 + 10 = ___
4 + 10 = ___
5 + 10 = ___

0 + 10 = ___
1 + 9 = ___
2 + 8 = ___
3 + 7 = ___
4 + 6 = ___

0 + 0 = ___
1 + 1 = ___
2 + 2 = ___
3 + 3 = ___
4 + 4 = ___
5 + 5 = ___
6 + 6 = ___
7 + 7 = ___
8 + 8 = ___
9 + 9 = ___
10 + 10 = ___

0 + 10 = ___
0 + 9 = ___
0 + 8 = ___
0 + 7 = ___
0 + 6 = ___

10 + 1 = ___
10 + 2 = ___
10 + 3 = ___
10 + 4 = ___
10 + 5 = ___

10 + 0 = ___
9 + 1 = ___
8 + 2 = ___
7 + 3 = ___
6 + 4 = ___

○ 2 Färbe in der 1 + 1 Tafel.

0+0	0+1	0+2	0+3	0+4	0+5	0+6	0+7	0+8	0+9	0+10
1+0	1+1	1+2	1+3	1+4	1+5	1+6	1+7	1+8	1+9	1+10
2+0	2+1	2+2	2+3	2+4	2+5	2+6	2+7	2+8	2+9	2+10
3+0	3+1	3+2	3+3	3+4	3+5	3+6	3+7	3+8	3+9	3+10
4+0	4+1	4+2	4+3	4+4	4+5	4+6	4+7	4+8	4+9	4+10
5+0	5+1	5+2	5+3	5+4	5+5	5+6	5+7	5+8	5+9	5+10
6+0	6+1	6+2	6+3	6+4	6+5	6+6	6+7	6+8	6+9	6+10
7+0	7+1	7+2	7+3	7+4	7+5	7+6	7+7	7+8	7+9	7+10
8+0	8+1	8+2	8+3	8+4	8+5	8+6	8+7	8+8	8+9	8+10
9+0	9+1	9+2	9+3	9+4	9+5	9+6	9+7	9+8	9+9	9+10
10+0	10+1	10+2	10+3	10+4	10+5	10+6	10+7	10+8	10+9	10+10

1 Aufgaben lösen und Systematik der Rollen erkennen. 2 Tafel entsprechend der Lösungen aus Aufgabe 1 färben. Dabei die fehlenden Aufgaben der grünen Rollen thematisieren und mündlich oder im Heft ergänzen. Diese ebenfalls in der Tafel färben. Dabei darauf eingehen, dass in manchen Feldern mehrere Farben möglich sind.

→ Arbeitsheft, Seite 64

Nachbaraufgaben

○ 1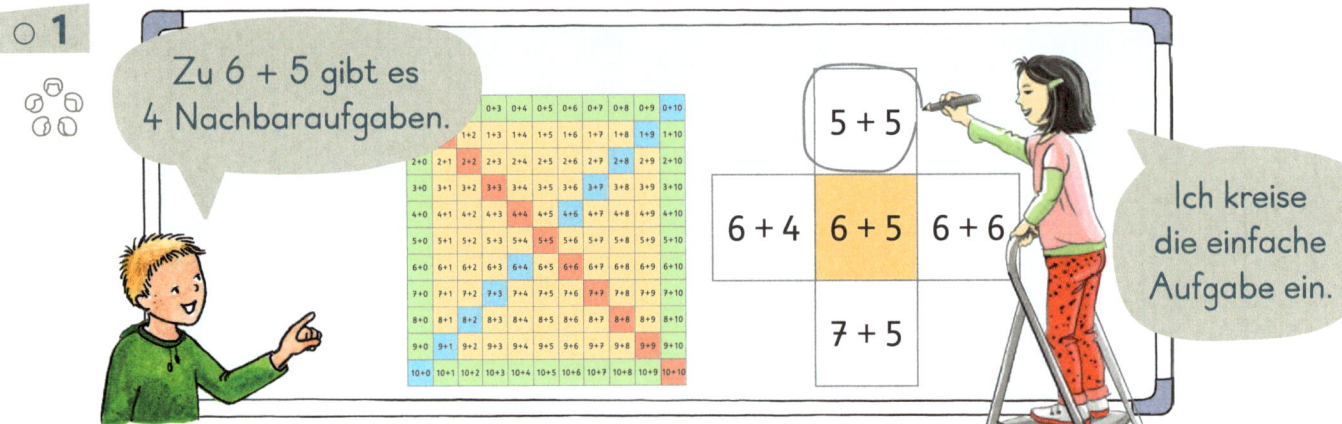

○ 2 Finde die Nachbaraufgaben in der 1 + 1 Tafel.

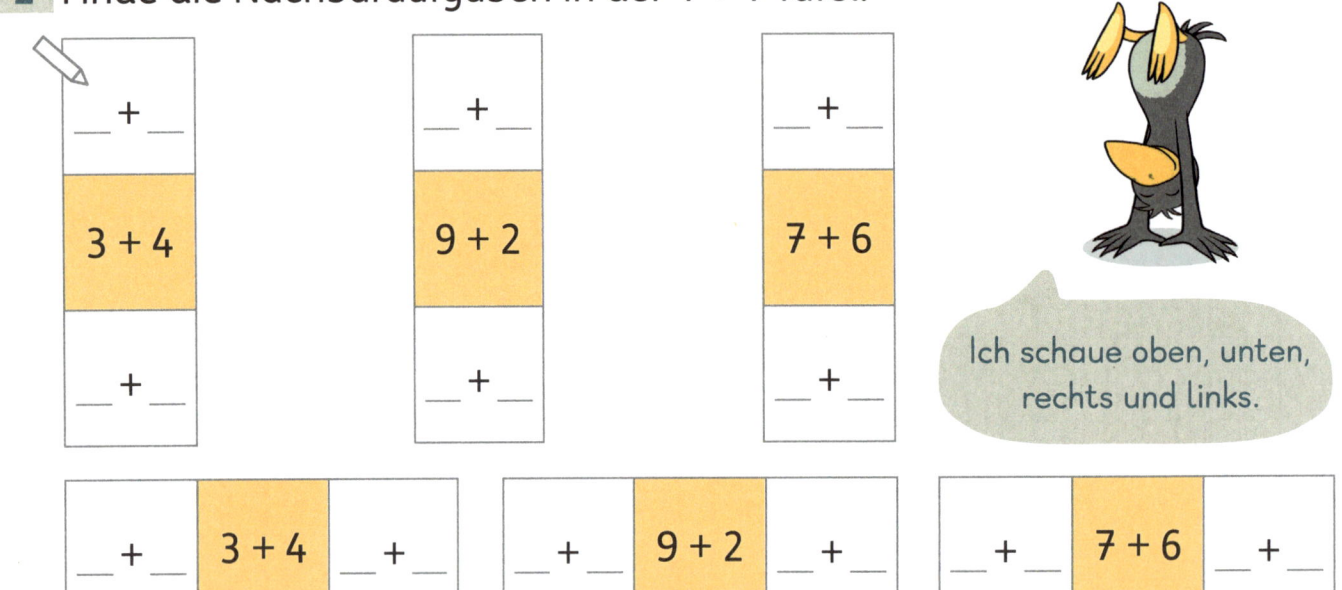

● 3 Finde alle Nachbaraufgaben. Welche Aufgabe hilft dir? Kreise ein.

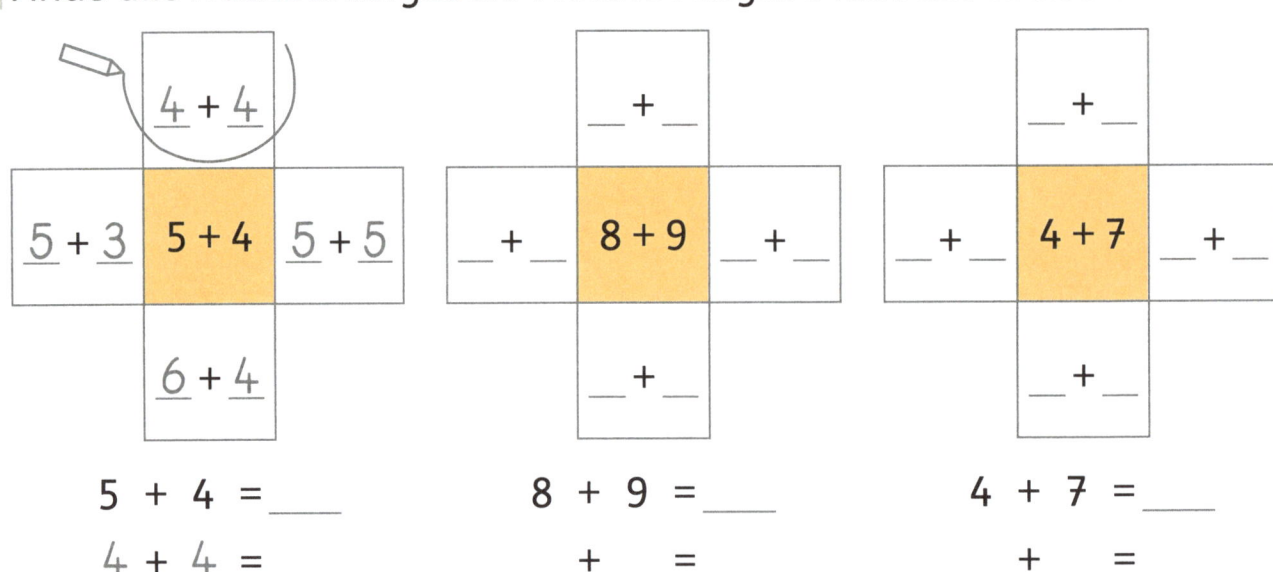

Plusaufgaben üben

1 Rechne Aufgabe und Tauschaufgabe.

3 + 8 = 11   6 + 8 = ___   4 + 7 = ___   3 + 9 = ___
8 + 3 = 11   ___ + ___ = ___   ___ + ___ = ___   ___ + ___ = ___

4 + 6 = ___   6 + 9 = ___   7 + 6 = ___   5 + 8 = ___
___ + ___ = ___   ___ + ___ = ___   ___ + ___ = ___   ___ + ___ = ___

8 + 7 = ___   10 + 7 = ___   4 + 9 = ___   8 + 9 = ___
___ + ___ = ___   ___ + ___ = ___   ___ + ___ = ___   ___ + ___ = ___

2 Finde Rechenfehler.

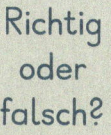 Richtig oder falsch?

7 + 5 = 12 ✓
7 + 9 = 15 16
7 + 7 = 14
7 + 8 = 16
7 + 6 = 13

9 + 2 = 11
9 + 4 = 14
9 + 6 = 16
9 + 5 = 14
9 + 0 = 0

8 + 7 = 16
6 + 8 = 13
9 + 9 = 18
4 + 9 = 13
8 + 8 = 15

3 + 8 = 11
5 + 6 = 11
14 + 4 = 18
8 + 9 = 18
6 + 4 = 10

4 + 8 = 15
9 + 7 = 15
5 + 8 = 12
2 + 6 = 8
15 + 5 = 10

8 + 6 = 14
6 + 7 = 3
9 + 3 = 13
0 + 7 = 7
3 + 9 = 12

10 + 3 = 13
12 + 7 = 5
5 + 9 = 14
2 + 9 = 10
6 + 3 = 19

3 Bilde Plusaufgaben und löse.

| 8 | 5 | 9 |
| 4 | 7 | 6 |

8 + 4 = 1 2
9 + 7 =

1 Tauschaufgabe ergänzen. Aufgabe und Tauschaufgabe lösen.   2 Aufgaben lösen und mit Ergebnissen vergleichen. Ergebnisse bestätigen oder richtige Ergebnisse notieren.   3 Aus den vorgegebenen Zahlen Plusaufgaben bilden. Diese im Heft notieren und lösen.

→ Arbeitsheft, Seite 66

Plus: vorteilhaft rechnen

○ 1

○ 2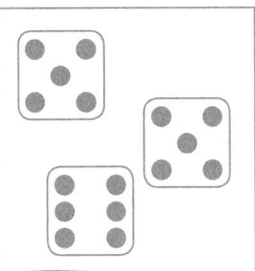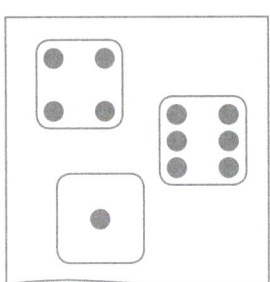

5 + 5 + 3 =

○ 3 6 + 4 + 3 = ___   7 + 1 + 7 = ___   2 + 5 + 5 + 7 = ___
     7 + 5 + 5 = ___   8 + 6 + 6 = ___   6 + 3 + 4 + 1 = ___
     1 + 8 + 2 = ___   3 + 9 + 7 = ___   3 + 0 + 9 + 7 = ___
     5 + 6 + 5 = ___   8 + 0 + 8 = ___   7 + 4 + 7 + 2 = ___

● 4 Lege und rechne geschickt mit der 9.

9 + 6

Ich wende das Plättchen, denn 10 + 5 ist leichter.

9 + 7 = ___

9 + 6 = ___
10 + 5 = ___

9 + 5 = ___   8 + 9 = ___

4 + 9 = ___   6 + 9 = ___

92

1 Mit drei Würfeln würfeln. Vorteilhafte Rechenwege notieren. Als Variation mit vier Würfeln würfeln. 2, 3 Rechenvorteile beim Rechnen mit drei oder vier Summanden nutzen. Markieren, welche zwei Zahlen zuerst miteinander addiert werden.
4 Rechenvorteile beim Rechnen mit 9 erkennen und nutzen.

→ Arbeitsheft, Seite 67

Minus: Rund um die 10

1

"Wie viele Plättchen muss ich wegnehmen?"

$14 - \_\_\_ = 10$

"Das ist leicht. Alle Plättchen in der unteren Reihe."

2
$13 - \underline{3} = 10$ $\quad$ $11 - 1 = \_\_\_$ $\quad$ $13 - 3 = \_\_\_$ $\quad$ $11 - \_\_\_ = 10$
$15 - \_\_\_ = 10$ $\quad$ $16 - 6 = \_\_\_$ $\quad$ $16 - \_\_\_ = 10$ $\quad$ $15 - 5 = \_\_\_$
$18 - \_\_\_ = 10$ $\quad$ $17 - 7 = \_\_\_$ $\quad$ $18 - 8 = \_\_\_$ $\quad$ $17 - \_\_\_ = 10$
$12 - \_\_\_ = 10$ $\quad$ $14 - 4 = \_\_\_$ $\quad$ $14 - \_\_\_ = 10$ $\quad$ $12 - 2 = \_\_\_$

3
$10 - 5 = \underline{5}$ $\quad$ $10 - 7 = \_\_\_$ $\quad$ $10 - \_\_\_ = 7$
$10 - 4 = \_\_\_$ $\quad$ $10 - 0 = \_\_\_$ $\quad$ $10 - 6 = \_\_\_$
$10 - 2 = \_\_\_$ $\quad$ $10 - 9 = \_\_\_$ $\quad$ $10 - \_\_\_ = 5$
$10 - 6 = \_\_\_$ $\quad$ $10 - 1 = \_\_\_$ $\quad$ $10 - \_\_\_ = 2$

4 Zuerst zur 10.

$14 - 4 - 5 = \underline{5}$ $\quad$ $15 - 5 - 4 = \_\_\_$ $\quad$ $13 - \_\_\_ - 4 = 6$
$14 - 4 - 1 = \_\_\_$ $\quad$ $15 - 5 - 8 = \_\_\_$ $\quad$ $13 - 3 - \_\_\_ = 5$
$14 - 4 - 7 = \_\_\_$ $\quad$ $15 - 5 - 2 = \_\_\_$ $\quad$ $13 - 3 - 8 = \_\_\_$
$14 - 4 - 3 = \_\_\_$ $\quad$ $15 - 5 - 6 = \_\_\_$ $\quad$ $13 - \_\_\_ - 1 = 9$

 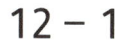 2 3 ~~5~~ 7 9 $\quad$ 2 3 4 6 8 $\quad$ 2 2 3 3 5

5

12 – 1	14 – 3	9 – 5	16 – 3
12 – 2	14 – 4	10 – 5	___ – ___
12 – 3	14 – 5	11 – 5	___ – ___

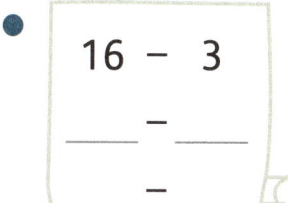

1–5 Zentrale Übungen in Vorbereitung auf die Zehnerüberschreitung beim Subtrahieren durchführen. **3** Subtraktionsaufgaben von 10 üben. **4** Zehnerübergang vorbereiten: subtrahieren zur 10 und dann weiter. **5** Zehnerübergang vorbereiten: schrittweise über den Zehner. Rollen im Heft notieren und fortführen. Die letzte Rolle mit eigenem Muster fortsetzen.

→ Arbeitsheft, Seite 68

Minus: Zuerst bis zur 10

○ 1 **14 − 6**

Zuerst 4 weg bis zur 10, dann weiter.

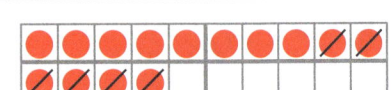

14 − 6 = 8
14 − 4 = 10
10 − 2 = 8

○ 2 Lege, zeichne und rechne.

11 − 5 =
___ − ___ = 10
___ − ___ =

13 − 4 =
___ − ___ = 10
___ − ___ =

12 − 7 =
___ − ___ = 10
___ − ___ =

12 − 4 =
___ − ___ =
___ − ___ =

15 − 6 =
___ − ___ =
___ − ___ =

16 − 9 =
___ − ___ =
___ − ___ =

○ 3
14 − 5 =
___ − ___ =
___ − ___ =

17 − 9 =
___ − ___ =
___ − ___ =

12 − 8 =
___ − ___ =
___ − ___ =

○ 4
11 − 3 = ___
14 − 8 = ___
13 − 5 = ___
14 − 7 = ___

13 − 7 = ___
16 − 8 = ___
11 − 4 = ___
18 − 9 = ___

11 − 2 = ___
12 − 6 = ___
15 − 8 = ___
14 − 9 = ___

12 − 5 = ___
17 − 8 = ___
13 − 6 = ___
16 − 7 = ___

🗝 6 7 8 8 9   5 6 7 8 9   5 6 7 8 9   6 7 7 9 9

Diese Seite kann auch nach der Seite 95 bearbeitet werden. **1** Zehnerübergang bei der Subtraktion mit der Strategie „Zuerst bis zur 10" am Bild und am Zwanzigerfeld einführen. **2, 3** Aufgaben mit der Strategie „Zuerst bis zur 10" lösen und zeichnen, ggf. am Zwanzigerfeld legen. **4** Zehnerübergang üben, ggf. die Aufgabe im Zwanzigerfeld legen.

→ Arbeitsheft, Seite 69

Minus: Rechenwege über die 10

1

14 − 7 = 7
14 − 4 = 10
10 − 3 = 7

14 − 7 = 7

"Zuerst bis zur 10, dann weiter."

"Hier halbiere ich einfach."

"Ich kenne noch andere Wege."

2 Wie rechnest du? Erkläre deinem Partner.

12 − 6 =   13 − 5 =   17 − 9 =

16 − 8 =   13 − 7 =   12 − 8 =

3   11 − 6 =   18 − 9 =   14 − 5 =

4   12 − 4 = ___   16 − 8 = ___   14 − 8 = ___   17 − 8 = ___
       15 − 6 = ___   12 − 5 = ___   12 − 7 = ___   15 − 9 = ___
       13 − 6 = ___   14 − 9 = ___   18 − 9 = ___   11 − 9 = ___

       5 7 8 9   5 6 7 8   5 6 8 9   2 5 6 9

Diese Seite kann auch vor der Seite 94 bearbeitet werden. **1** Im Rahmen einer Rechenkonferenz verschiedene Strategien kennenlernen, besprechen und vergleichen. Situation nachspielen. **2** Strategien mit dem Partnerkind besprechen, auswählen und nutzen. **3, 4** Zehnerübergang üben, ggf. die Aufgaben im Zwanzigerfeld legen.

→ Arbeitsheft, Seite 70

Minusaufgaben üben

1 Kontrolliere mit der Umkehraufgabe.

12 − 4 = __8__   16 − 9 = ___   14 − 5 = ___   15 − 6 = ___
__8 + 4 =__ ___   _____   _____   _____

18 − 8 = ___   13 − 6 = ___   10 − 2 = ___   11 − 8 = ___
_____   _____   _____   _____

10 − 9 = ___   11 − 7 = ___   12 − 8 = ___   17 − 7 = ___
_____   _____   _____   _____

2 Finde Rechenfehler.

12 − 6 = 6 ✓	13 − 7 = 5	14 − 9 = 5	8 − 4 = 12
12 − 3 = ~~10~~ 9	11 − 7 = 4	13 − 5 = 8	15 − 8 = 7
12 − 5 = 7	13 − 6 = 19	10 − 1 = 9	11 − 4 = 6
12 − 9 = 18	15 − 6 = 8	11 − 6 = 4	14 − 8 = 6
12 − 4 = 10	11 − 8 = 2	13 − 9 = 4	14 − 5 = 9

15 − 9 = 6	13 − 8 = 5	11 − 9 = 2	14 − 7 = 7
16 − 7 = 9	11 − 2 = 9	14 − 6 = 8	17 − 8 = 8
11 − 3 = 5	15 − 7 = 8	12 − 7 = 5	10 − 4 = 6
18 − 9 = 8	17 − 9 = 7	10 − 3 = 6	11 − 5 = 6
16 − 8 = 9	16 − 9 = 7	9 − 5 = 4	13 − 4 = 10

3 Bilde Minusaufgaben und löse.

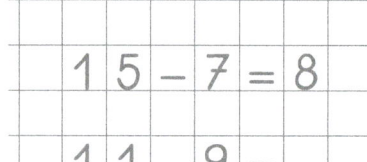

15   11   13

5   9   7

15 − 7 = 8
11 − 9 =

Minus: vorteilhaft rechnen

1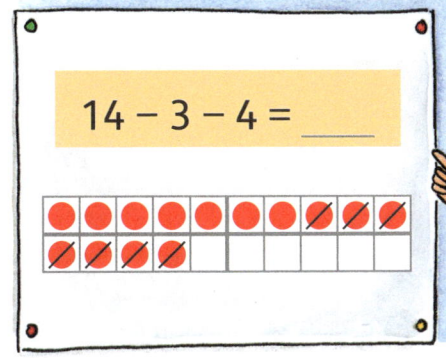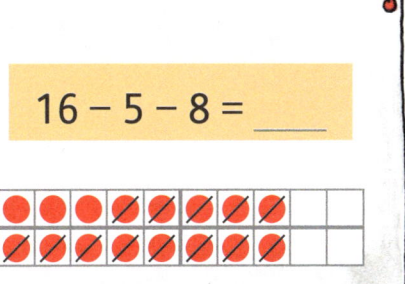

2 Rechne geschickt.

12 − 5 − 2 = ___   14 − 7 − 4 = ___   18 − 7 − 8 = ___
12 − 2 − ___

12 − 5 − 6 = ___   16 − 9 − 6 = ___   18 − 3 − 9 = ___

3 18 − 9 − 8 = ___   11 − 7 − 1 = ___   15 − 7 − 5 = ___
16 − 4 − 6 = ___   12 − 6 − 2 = ___   14 − 7 − 0 = ___
13 − 5 − 3 = ___   19 − 2 − 9 = ___   16 − 6 − 8 = ___
17 − 4 − 7 = ___   18 − 3 − 9 = ___   13 − 1 − 3 = ___

4 Rechne geschickt mit der 9.

17 − 9 = ___   12 − 9 = ___   15 − 9 = ___
17 − 10 + 1 = ___

                          13 − 9 = ___   11 − 9 = ___

Einfacher ist:
Erst minus 10,
dann plus 1.
                          16 − 9 = ___   14 − 9 = ___

1–3 Rechenvorteile beim Lösen von Aufgaben mit zwei Subtrahenden nutzen. 2, 3 Gegebenenfalls markieren, welche Zahl zuerst subtrahiert wird. 4 Aufgaben mit Subtrahend 9 vorteilhaft rechnen.

→ Arbeitsheft, Seite 72

Plus- und Minusaufgaben üben

1

8 + 6 = ___	7 + 9 = ___	16 − 8 = ___	11 − 2 = ___
6 + 5 = ___	5 + 8 = ___	14 − 6 = ___	15 − 8 = ___
4 + 7 = ___	9 + 6 = ___	12 − 4 = ___	10 − 1 = ___
9 + 3 = ___	10 + 7 = ___	13 − 5 = ___	14 − 5 = ___

🔑 11 11 12 13 14   13 14 15 16 17   7 8 8 8 8   7 8 9 9 9

8 + 3 = ___	11 − 9 = ___	2 + ___ = 11	___ − 9 = 7
13 − 6 = ___	14 − 4 = ___	17 − ___ = 9	___ + 5 = 12
10 − 3 = ___	6 + 6 = ___	9 + ___ = 13	___ − 8 = 4
5 + 9 = ___	7 + 8 = ___	15 − ___ = 9	___ + 6 = 12

🔑 7 7 11 14 16   2 5 10 12 15   4 6 8 9 10   6 7 10 12 16

2

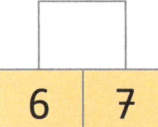
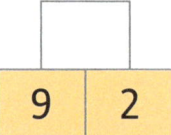
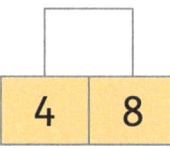
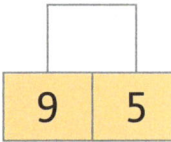

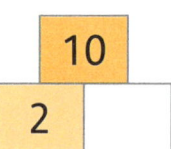
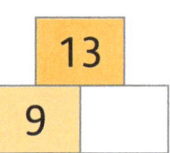

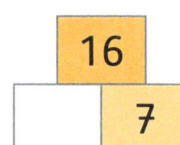
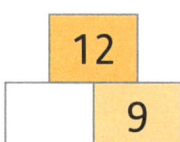

3 Rechne. Welche Aufgaben findest du einfach? Kreuze an.

12 − 7 = ___ ☐	9 + 8 = ___ ☐	12 − 6 = ___ ☐
5 + 9 = ___ ☐	16 − 7 = ___ ☐	13 − 9 = ___ ☐
14 − 8 = ___ ☐	8 + 6 = ___ ☐	5 + 11 = ___ ☐
15 − 9 = ___ ☐	19 − 5 = ___ ☐	14 − 7 = ___ ☐
7 + 6 = ___ ☐	6 + 12 = ___ ☐	3 + 14 = ___ ☐
19 − 0 = ___ ☐	11 − 4 = ___ ☐	20 − 5 = ___ ☐

1 Rechenvorteile beim Lösen von Additions- und Subtraktionsaufgaben nutzen. 2 Zahlenmauern lösen. 3 Alle Aufgaben lösen. Verschiedene Strategien anwenden. Auswahl begründen und reflektieren.

Plus- und Minusaufgaben üben

1

+	4	6	3
11			
14			
12			

+	8	12	5
7			
1			
3			

+	9		11
6		14	
5			
		17	

−	5	2	6
20			
16			
17			

−	4	7	9
16			
9			
11			

−	2		3
11			
14		9	
			12

2
13 − 6 − 3   19 − 2 − 9   8 + 8 + 1   5 + 3 + 5 + 1
16 − 3 − 8   12 − 3 − 6   3 + 5 + 5   9 + 1 + 9 + 1
15 − 3 − 5   17 − 7 − 7   2 + 6 + 6   5 + 6 + 2 + 5
14 − 5 − 7   16 − 8 − 6   9 + 9 + 0   1 + 3 + 7 + 7
11 − 1 − 4   13 − 4 − 3   6 + 7 + 7   4 + 2 + 3 + 8

2 3 4   2 3 3   13 14 17   14 17 18
5 6 7   6 7 8   18 19 20   18 19 20

3 Wer kommt näher an die 10?

Würfelt mit 3 Würfeln.

Rechnet plus und minus.

• Würfelt mit 4 Würfeln.

Ich rechne so:
6 + 4 + 6 = 16

Ich schaffe 8:
6 + 6 − 4 = 8
Ich gewinne.

1 Additions- und Subtraktionsaufgaben in Tabellen üben, dabei Rechenvorteile nutzen.   2 Rechenvorteile beim Addieren und Subtrahieren mehrerer Summanden oder Subtrahenden nutzen.   3 Geschickt rechnen und Rechenwege im Heft notieren.

→ Arbeitsheft, Seiten 73/74

Gleichungen und Ungleichungen

1

8 + 2 ◯ 12   8 + 4 ◯ 12   9 + 5 ◯ 12

2
9 + 2 ◯ 13	7 + 5 ◯ 12	7 + 4 ◯ 15	4 + 8 ◯ 11
9 + 3 ◯ 13	7 + 8 ◯ 16	9 + 3 ◯ 15	8 + 3 ◯ 13
9 + 4 ◯ 13	7 + 6 ◯ 15	9 + 6 ◯ 18	6 + 4 ◯ 10
9 + 5 ◯ 13	7 + 9 ◯ 14	5 + 8 ◯ 12	3 + 9 ◯ 11
9 + 6 ◯ 13	7 + 7 ◯ 13	8 + 9 ◯ 10	9 + 5 ◯ 12

3
1 + 5 ◯ 4 + 3	7 + 6 ◯ 6 + 6	3 + 3 ◯ 2 + 3
2 + 5 ◯ 4 + 4	7 + 8 ◯ 6 + 8	7 + 7 ◯ 9 + 4
3 + 5 ◯ 4 + 2	7 + 3 ◯ 4 + 6	6 + 6 ◯ 8 + 6
4 + 5 ◯ 4 + 1	7 + 2 ◯ 7 + 4	4 + 4 ◯ 3 + 6
5 + 5 ◯ 4 + 6	7 + 5 ◯ 6 + 9	9 + 9 ◯ 8 + 7

4 Finde eigene Aufgaben.

___ + ___ > 9
___ + ___ > 10
___ + ___ < 16
___ + ___ < 13
___ + ___ = 14
___ + ___ = 17

5

1, 2 Rechensätze mit Zahlen vergleichen. Dabei die Zeichen <, > und = verwenden. 3 Rechensätze vergleichen.
4 Passende Additionsaufgaben zu Gleichungen und Ungleichungen finden. 5 Die Kinder ziehen jeweils zwei Zahlenkarten, bilden Additionsaufgaben und vergleichen ihre Ergebnisse. Dabei die Zahlenkarten von 0 bis 10 verwenden.

→ Arbeitsheft, Seite 75

Gleichungen und Ungleichungen

1

13 − 5 ◯ 9   13 − 4 ◯ 9   13 − 2 ◯ 9

2
14 − 4 ◯ 8	18 − 4 ◯ 15	16 − 4 ◯ 11	19 − 9 ◯ 10
14 − 5 ◯ 8	18 − 5 ◯ 11	17 − 8 ◯ 9	13 − 6 ◯ 8
14 − 6 ◯ 8	18 − 6 ◯ 12	15 − 6 ◯ 10	17 − 5 ◯ 13
14 − 7 ◯ 8	18 − 7 ◯ 10	13 − 7 ◯ 8	15 − 3 ◯ 11
14 − 8 ◯ 8	18 − 9 ◯ 9	20 − 7 ◯ 12	16 − 8 ◯ 8

3
13 − 6 ◯ 10 − 3	20 − 8 ◯ 17 − 6	20 − 9 ◯ 18 − 9
14 − 6 ◯ 10 − 1	20 − 7 ◯ 16 − 3	15 − 5 ◯ 14 − 5
15 − 6 ◯ 10 − 0	20 − 6 ◯ 15 − 2	10 − 4 ◯ 12 − 5
16 − 6 ◯ 10 − 6	20 − 5 ◯ 19 − 3	14 − 7 ◯ 16 − 8
17 − 6 ◯ 10 − 7	20 − 4 ◯ 19 − 7	11 − 4 ◯ 17 − 9

4 Finde eigene Aufgaben.

____ − ____ < 9
____ − ____ > 12
____ − ____ = 14
____ − ____ < 16
____ − ____ > 13
____ − ____ = 9

5

Figuren legen

1 Lege unterschiedlich aus.
Zähle. Schreibe auf.

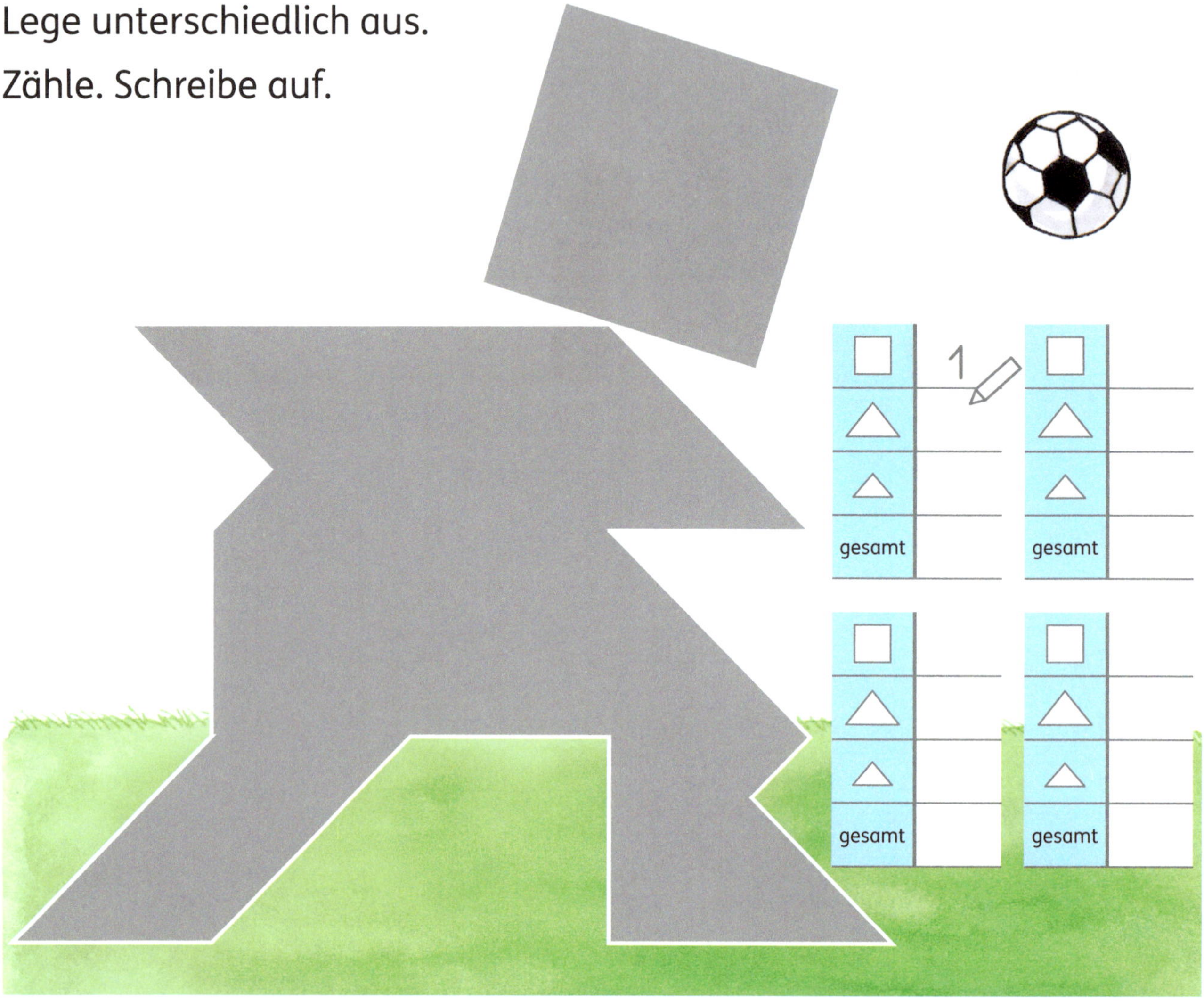

2 Lege nach und zähle.
Schreibe auf.

Finde weitere Möglichkeiten.
Vergleiche.

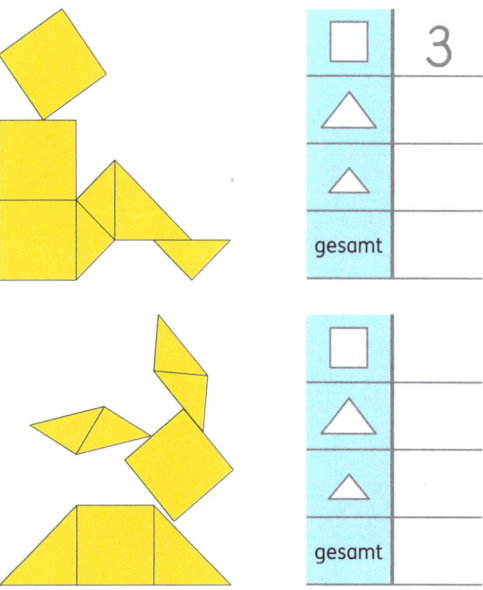
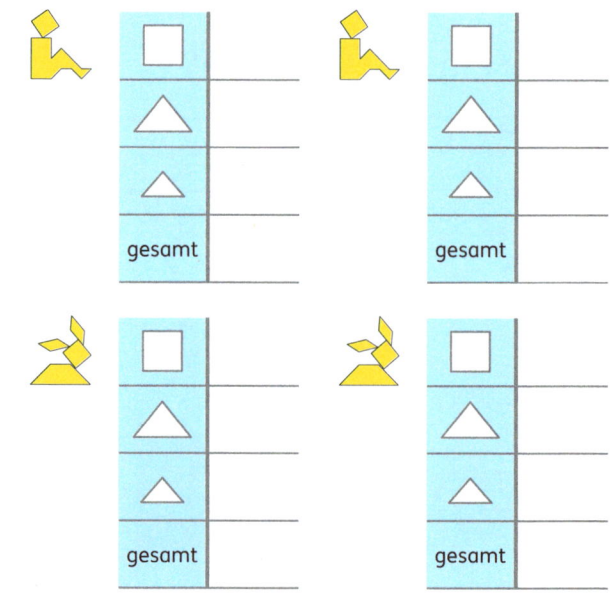

102   1 Figur mit Geoplättchen auslegen, die Anzahl der verwendeten Formen bestimmen und in der Tabelle notieren. In der Gruppe anschließend nach unterschiedlichen Lösungen suchen und in den Tabellen notieren.   2 Figuren unterschiedlich legen, verwendete Formen bestimmen und notieren. Über Tauschregeln beim Finden mehrerer Möglichkeiten sprechen.

→ Arbeitsheft, Seite 77

Figuren legen

1 Legt und beschreibt.

2 Lege. Immer 8 Quadrate.

  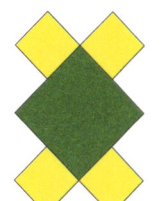 

Lege. Immer 8 Dreiecke.

Lege. Immer 4 Dreiecke und 4 Quadrate.

1 Eigene Figuren finden und einem Partner oder einer Partnerin beschreiben.   2 Mit der angegebenen Anzahl an Formen die Figuren nachlegen, ggf. weitere Figuren finden.

Muster zeichnen

1

2 Zeichne Muster.

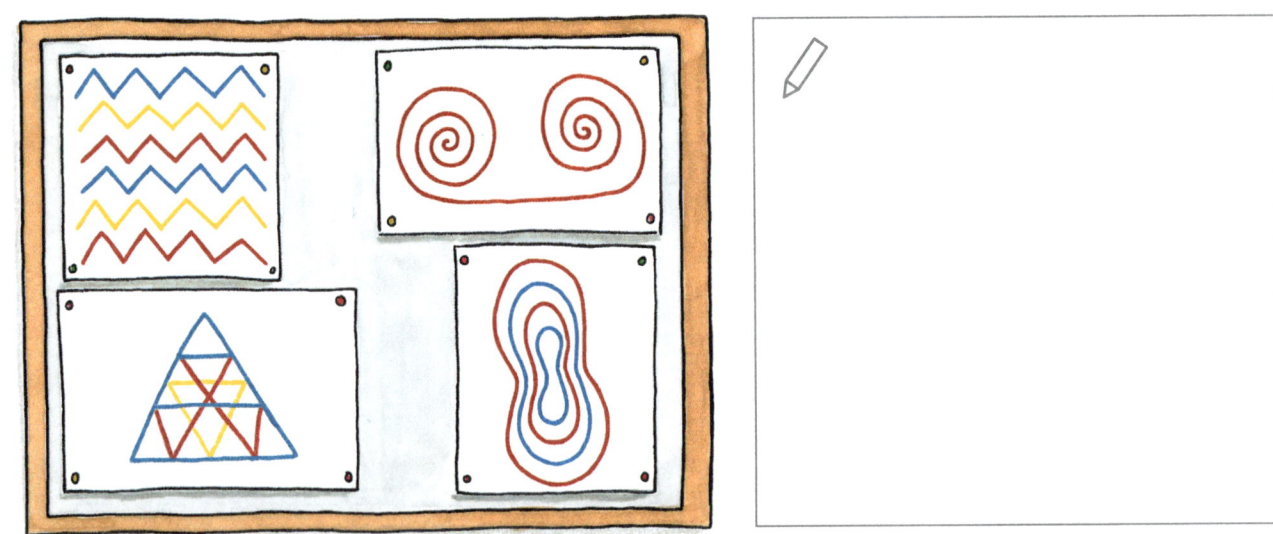

3 Wie geht es weiter? Zeichne.

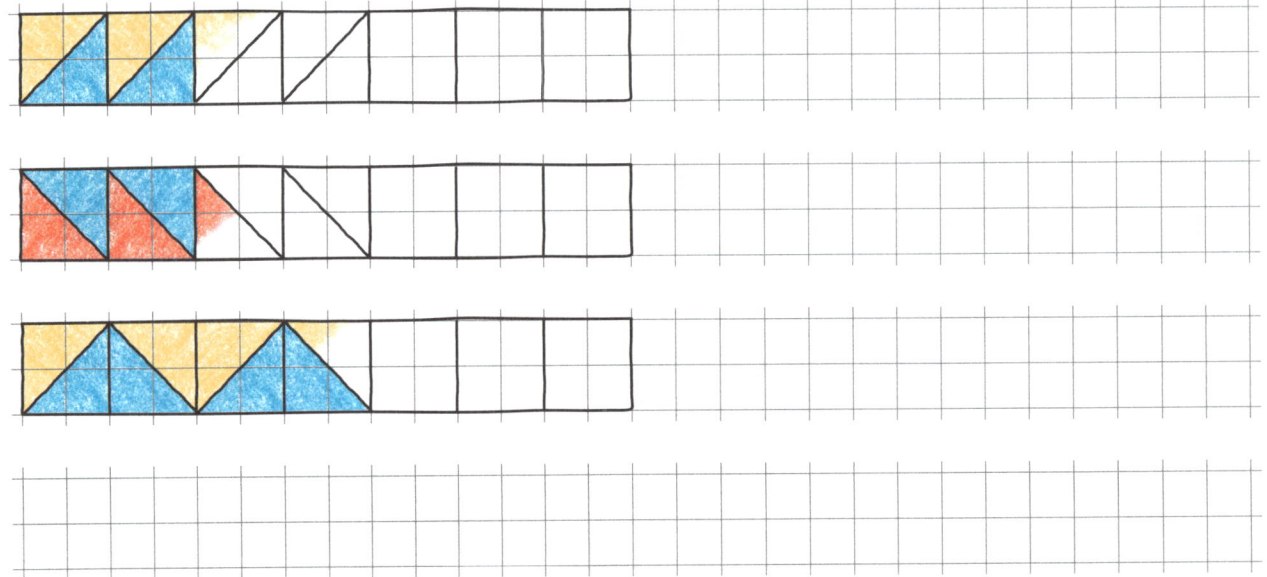

104 1 Muster freihändig bzw. im Karoraster zeichnen und fortsetzen. Muster beschreiben. Besprechen, wann der Einsatz eines Lineals sinnvoll ist. 2 Eigene Muster freihändig zeichnen. 3 Angefangene Muster fortsetzen und färben. Ein weiteres eigenes Muster zeichnen.

→ Arbeitsheft, Seite 78

Geobrett

○ 1

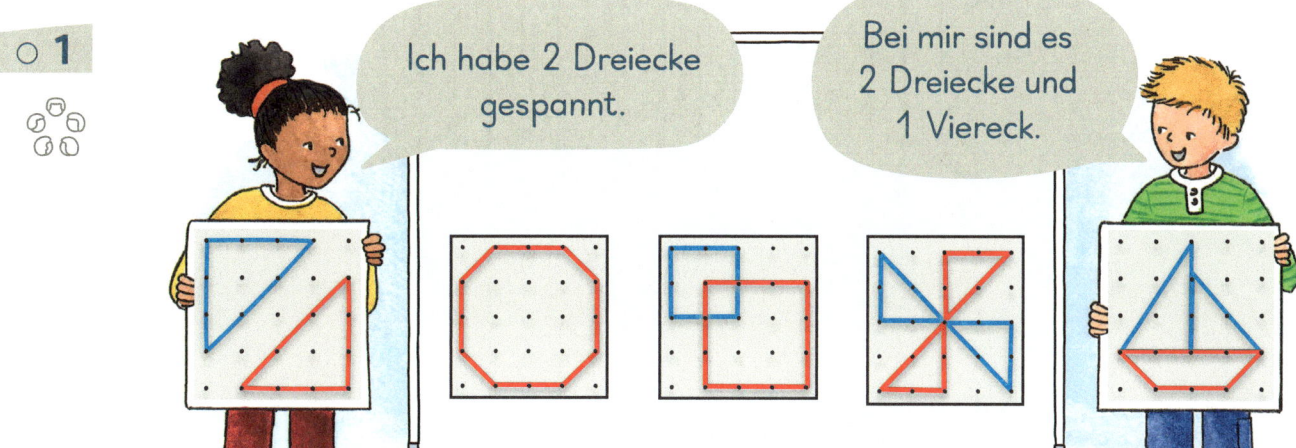

○ 2 Spanne und zeichne die Figuren.

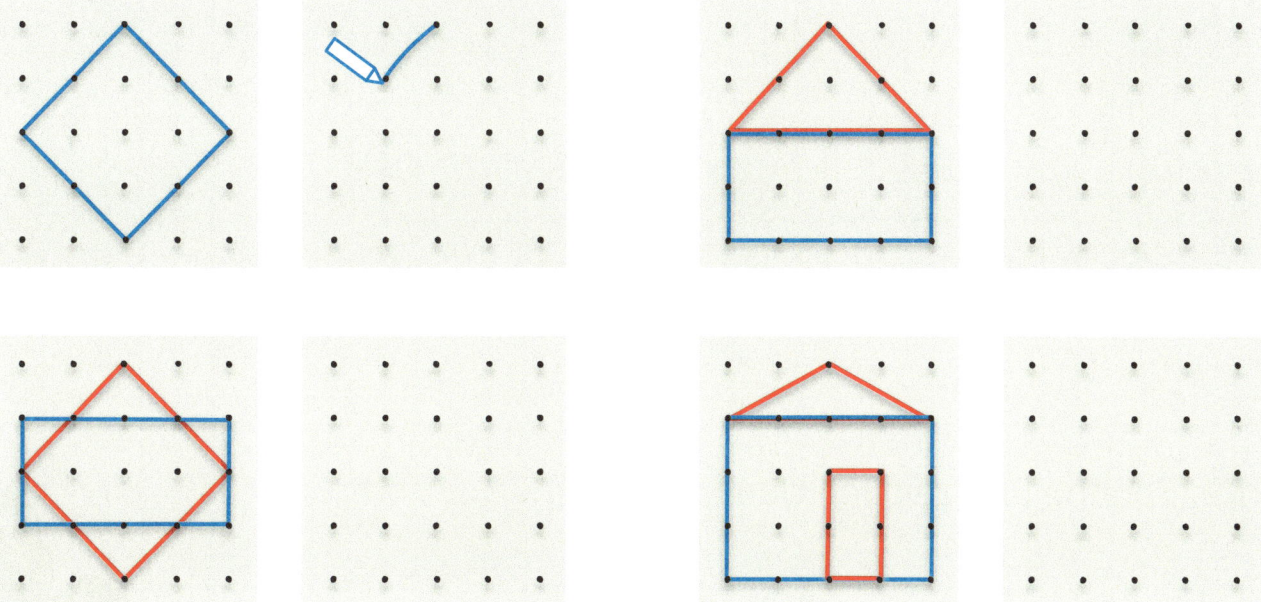

● 3 Auf dem Geobrett sind Formen gespannt. Zähle und notiere.

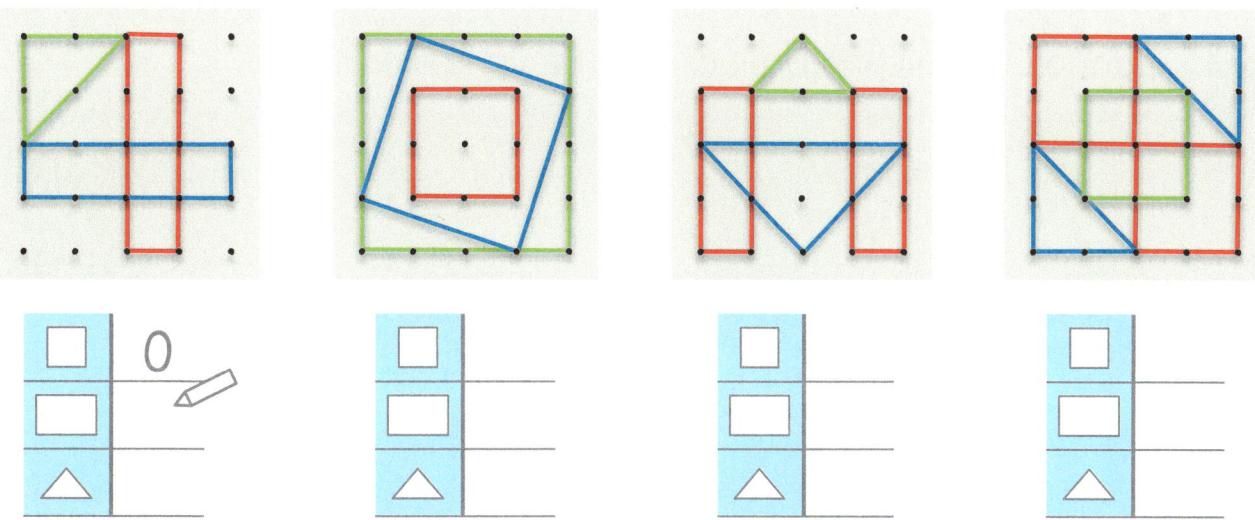

1 Figuren auf dem Geobrett nachspannen und beschreiben. Gegebenenfalls darauf hinweisen, dass in dem Boot des Jungen ein Viereck zu sehen ist, welches weder Quadrat noch Rechteck ist. 2 Figuren nachspannen und anschließend in das leere Geobrett-Raster einzeichnen. 3 Figuren spannen, geometrische Formen erkennen und deren Anzahlen notieren.

→ Arbeitsheft, Seite 79

Geobrett

1 Spanne und zeichne Vierecke.

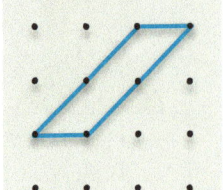 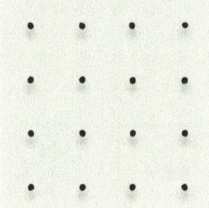 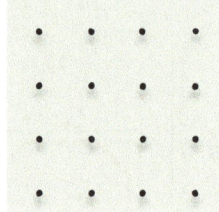 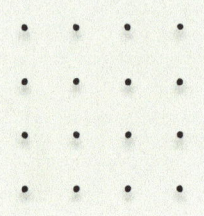

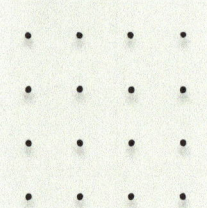 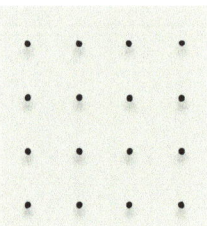

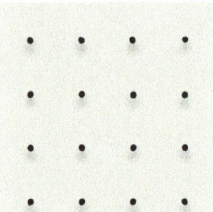 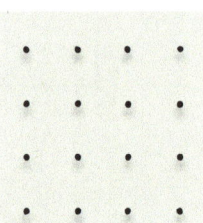 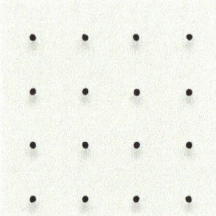 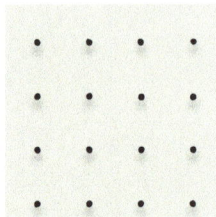

2 Spanne und zeichne Quadrate.

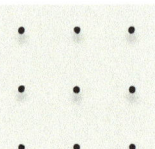 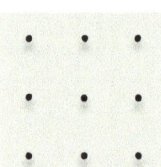 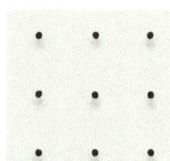 

3 Spanne und zeichne Dreiecke. Finde verschiedene.

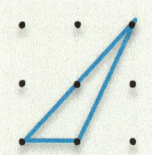  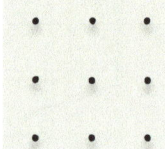 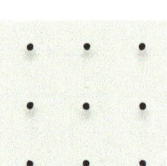

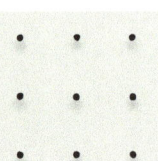

1–3 Geometrische Formen spannen und zeichnen. 1 Gegebenenfalls darauf hinweisen, dass nicht nur Rechtecke und Quadrate Vierecke sind.

→ Arbeitsheft, Seite 79

Wege finden

1 Beschreibt euch gegenseitig verschiedene Wege zu den Formen.

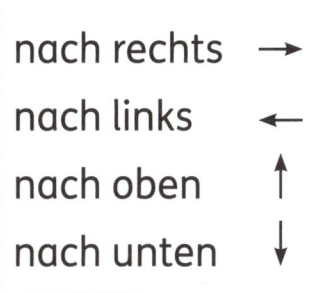

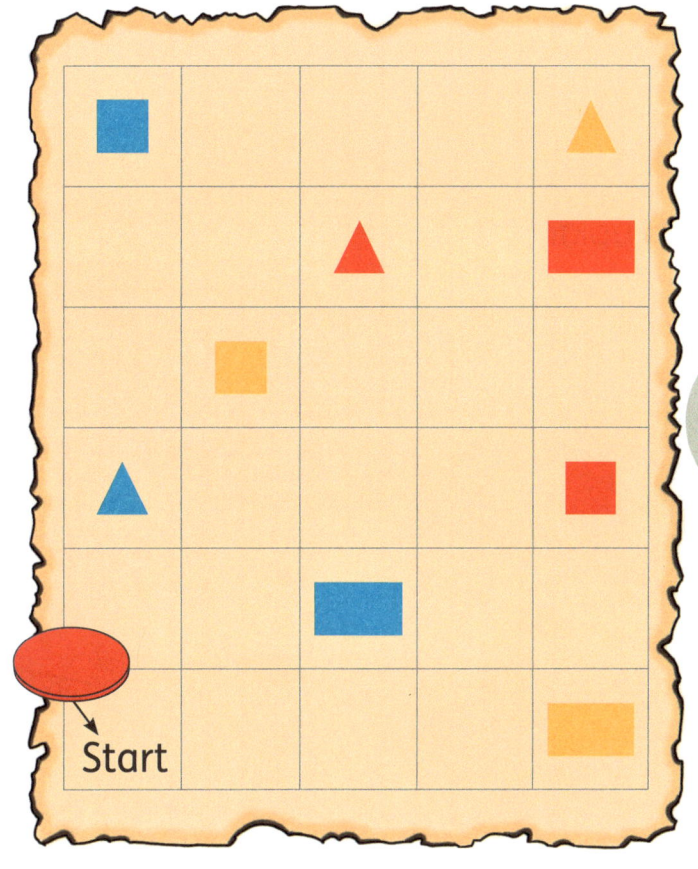

2 Gehe den Weg, finde die Form und zeichne sie ein.

3↑ 2→ 1↓ 2←   1↑ 1→ 1↑ 1→ 1↓ ☐

3→ 3↑ 3← 2↑ ☐   3↑ 2→ 2↓ 2→ 3↑ ☐

3→ 5↑ 1← 1↓ ☐   4→ 3↑ 2← 1↓ 2→ ☐

3 Finde kurze und lange Wege.

1 Verschiedene Wege vom Startfeld aus einem Partnerkind beschreiben. Dieses folgt der Beschreibung und nennt das Zielsymbol. 2 Der Wegbeschreibung auf dem Feld mit dem Wendeplättchen folgen und das Zielsymbol zeichnen. 3 Zu den vorgegebenen Zielsymbolen kurze bzw. lange Wege finden und notieren.

→ Arbeitsheft, Seite 80

Würfelhausen

1 Baue nach und zähle. Wie viele Würfel brauchst du?

> der Würfel
> das Würfelgebäude
> der Bauplan
> nebeneinander
> übereinander

_6_ Würfel

___ Würfel

___ Würfel

___ Würfel

___ Würfel

2 Baue die Gebäude.

Hier liegen 2 Würfel übereinander.

1	1	2

3	2	2

1	1	1
		1

3	3	3
		1

3 Welche Gebäude gehören zu diesen Bauplänen?

1	1	1	1
1			1

1	3	1

2	1	1	2

Gebäude Nr. ____   Gebäude Nr. ____   Gebäude Nr. ____

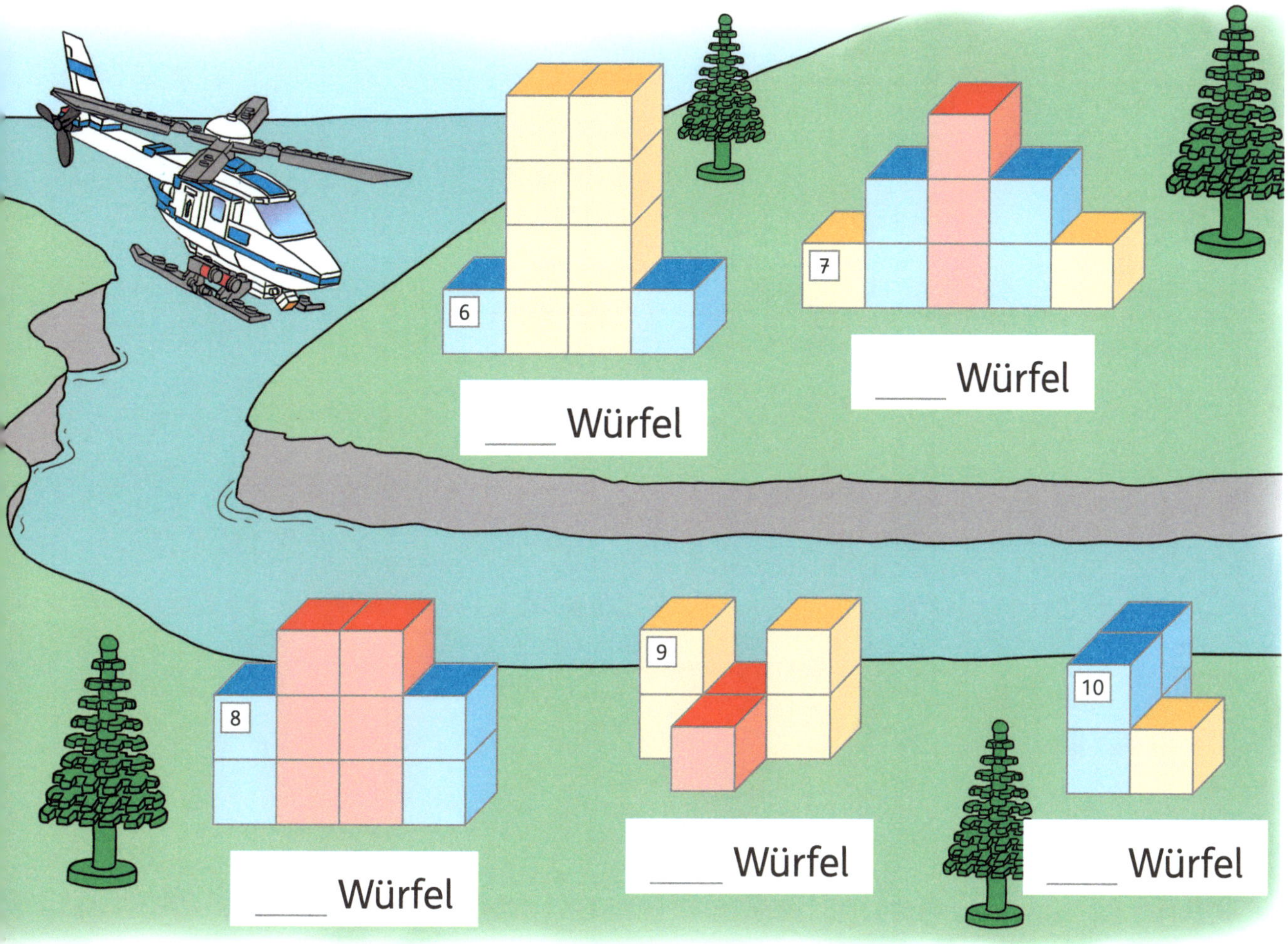

____ Würfel

____ Würfel

____ Würfel

____ Würfel

____ Würfel

4 Ergänze die Baupläne.

Gebäude Nr. _7_

| 1 | 2 | | 2 |

Gebäude Nr. ____

| | 1 | |
| | | |

Gebäude Nr. ____

| | 3 | 2 |

5 Baue selbst Gebäude und zeichne Baupläne.

2													
1													

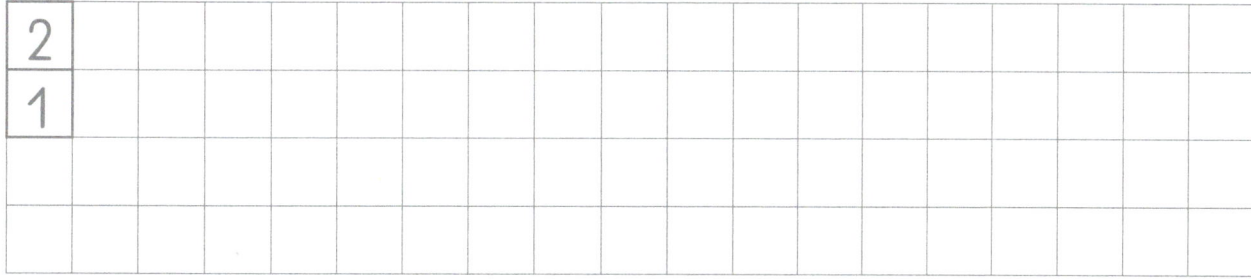

4 Gebäude und Baupläne einander zuordnen, fehlende Würfelanzahlen in die Baupläne eintragen und Felder färben.
5 Eigene Gebäude bauen und die dazugehörigen Baupläne auf einem Raster zeichnen. Gegebenenfalls mit einem Partnerkind zusammenarbeiten.

→ Arbeitsheft, Seite 81

Wiederholung

1
8 + 4 = ___	4 + 7 = ___	2 + 9 = ___	9 + 9 = ___
5 + 7 = ___	6 + 8 = ___	4 + 8 = ___	8 + 6 = ___
3 + 8 = ___	3 + 9 = ___	6 + 7 = ___	7 + 7 = ___
6 + 6 = ___	8 + 5 = ___	7 + 5 = ___	5 + 9 = ___
7 + 9 = ___	9 + 6 = ___	8 + 3 = ___	6 + 5 = ___

11 12 12   11 11 12   11 11 12   11 13 14
12 15 16   13 14 15   12 12 13   14 14 18

2
16 − 8 = ___	11 − 5 = ___	18 − 9 = ___	16 − 9 = ___
14 − 7 = ___	12 − 6 = ___	12 − 7 = ___	13 − 5 = ___
13 − 6 = ___	17 − 8 = ___	14 − 5 = ___	15 − 6 = ___
12 − 4 = ___	13 − 9 = ___	16 − 7 = ___	17 − 9 = ___
15 − 9 = ___	15 − 7 = ___	11 − 4 = ___	14 − 8 = ___

5 6 7 7 8 8   4 6 6 7 8 9   5 7 8 9 9 9   6 7 7 8 8 9

3 <, > oder = ?

8 + 5 ○ 11	5 + 6 ○ 10	17 − 9 ○ 9	13 − 5 ○ 9
7 + 4 ○ 11	2 + 9 ○ 16	14 − 6 ○ 8	14 − 8 ○ 7
6 + 9 ○ 15	7 + 5 ○ 12	18 − 9 ○ 8	15 − 8 ○ 7
4 + 8 ○ 13	6 + 7 ○ 12	12 − 7 ○ 5	12 − 3 ○ 8
3 + 9 ○ 11	9 + 8 ○ 15	16 − 9 ○ 5	11 − 7 ○ 2

4

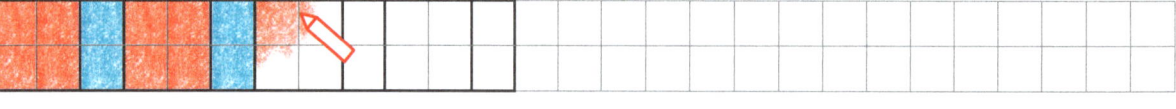
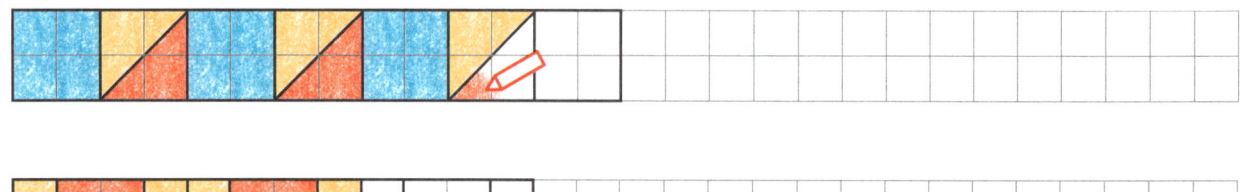

1 Additionsaufgaben üben. 2 Subtraktionsaufgaben üben. 3 Rechensätze mit Zahlen vergleichen. Dabei die Zeichen <, > und = nutzen. 4 Muster erkennen und fortsetzen.

5

```
    [12]            [  ]            [13]            [11]
  [8][  ]        [9][7]          [  ][8]         [2][  ]      [6][6]

    [11]            [  ]            [16]
  [  ][7]        [4][9]          [8][  ]
```

6 Rechne geschickt.

2 + 4 + 6 = ___   12 − 6 − 2 = ___   5 + 8 + 5 + 1 = ___
5 + 9 + 5 = ___   14 − 3 − 7 = ___   4 + 7 + 3 + 2 = ___
3 + 8 + 8 = ___   18 − 8 − 9 = ___   9 + 5 + 0 + 1 = ___
7 + 7 + 3 = ___   16 − 8 − 6 = ___   7 + 2 + 3 + 8 = ___

🔑 12 17 18 19 19   1 2 2 4 4   15 16 18 19 20

7

7 + __ = 13   __ − 8 = 4   __ + 6 = 14
13 − __ = 8   __ − 6 = 5   6 + __ = 12
4 + __ = 11   __ + 9 = 15   16 − __ = 7
15 − __ = 8   __ + 5 = 14   __ + 8 = 16
18 − __ = 9   __ − 4 = 9   __ − 5 = 8

🔑 5 6 7 7 8 9   5 6 9 11 12 13   6 8 8 9 10 13

8

12 − 6 ◯ 10 − 3   3 + 7 ◯ 4 + 7   5 + 2 ◯ 7 + 0
13 − 6 ◯ 10 − 4   5 + 6 ◯ 4 + 8   5 − 2 ◯ 7 − 0
14 − 6 ◯ 10 − 5   7 + 5 ◯ 5 + 7   5 + 3 ◯ 7 + 1
15 − 6 ◯ 10 − 6   9 + 4 ◯ 5 + 8   5 − 3 ◯ 7 − 1
16 − 6 ◯ 10 − 7   11 + 3 ◯ 6 + 7   5 + 4 ◯ 7 + 2
_____ ◯   _____ ◯   _____ ◯
_____ ◯   _____ ◯   _____ ◯

5 Zahlenmauer vervollständigen.   6 Aufgaben mit drei bis vier Summanden bzw. zwei Subtrahenden lösen.
7 Platzhalteraufgaben lösen.   8 Aufgabenrollen bearbeiten. Das vorgebene Muster erkennen und fortsetzen.

→ Arbeitsheft, Seite 82

Rückblick

1

House 1 (roof: 7, 5, 2):
5 + 2 = ___
2 + ___ = ___
7 − 2 = ___
7 − ___ = ___

House 2 (roof: 18, 14, 4):
14 + 4 = ___
___ + ___ = ___
18 − 4 = ___
___ − ___ = ___

House 3 (roof: 17, 10, 7):
10 + ___ = ___
___ + ___ = ___
17 − ___ = ___
___ − ___ = ___

2

7 ct (with 2 ct shown)

11 ct

20 €

3

+	3	5	0
5	8		
1			
4			

+	4	6	1
12			
14			
11			

+	5	6	
3	8		
10			14
13			

−	6	1	7
8	2		
9			
7			

−	3	8	5
19			
18			
20			

−			6
6		3	
10	9		
16			

1 Aufgabenfamilien vervollständigen und ausrechnen. 2 Beträge mit der angegebenen Anzahl an Münzen und Scheinen notieren. 3 Additions- und Subtraktionsaufgaben in Tabellen lösen.

Knobeln mit Blickrichtungen

1 Welches Kind sieht was? Male in der richtigen Farbe an.

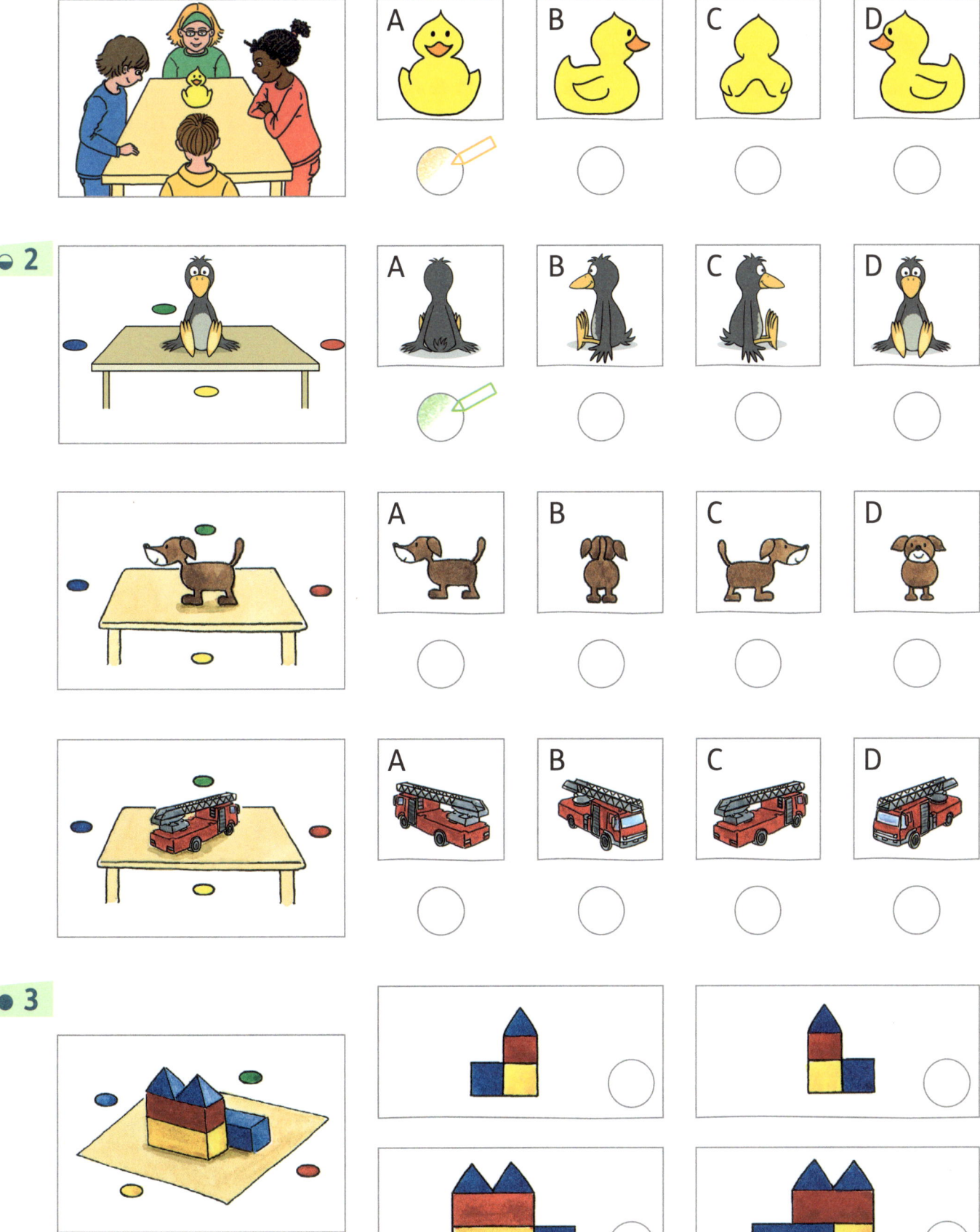

1–3 Gegenstände aus unterschiedlicher Perspektive betrachten (Perspektivwechsel). Abgebildete Ansichten beschreiben und den Standorten zuordnen. Gegebenenfalls die Situation im Klassenzimmer nachspielen.

Aufgabenfamilien

1

Haus 1 (16, 11, 5):
11 + 5 = 16
5 + 11 = ___
16 − 5 = ___
16 − ___ = ___

Haus 2 (18, 10, 8):
10 + 8 = ___
8 + ___ = ___
18 − 8 = ___
18 − 10 = ___

Haus 3 (20, 14, 6):
14 + 6 = ___
___ + ___ = ___
20 − ___ = ___
___ − ___ = ___

2

Haus 1 (20, 18, 2):
18 + 2 = 20
___ + ___ = ___
___ − ___ = ___
___ − ___ = ___

Haus 2:
___ + ___ = ___
___ + ___ = ___
___ − ___ = ___
___ − ___ = ___

Haus 3:
___ + ___ = ___
___ + ___ = ___
___ − ___ = ___
___ − ___ = ___

3 Finde Rechenfehler.

Haus 1 (18, 13, 5):
13 + 5 = 18 ✓
5 + 13 = ~~13~~ 18
18 − 5 = 18
18 − 13 = 5

Haus 2 (16, 9, 7):
9 + 7 = 16
7 + 9 = 16
16 − 7 = 7
16 − 9 = 9

Haus 3 (17, 8, 9):
8 + 9 = 17
9 + 8 = 17
17 − 9 = 9
17 − 8 = 8

114
1 Aufgabenfamilien vervollständigen und ausrechnen. Die drei Zahlen im Dach lassen sich aus jeder einzelnen Aufgabe einer Familie ableiten. 2 Aufgabenfamilien mithilfe von vorgegebenen Zwanzigerfeldern finden und ausrechnen. 3 Rechenfehler in den Aufgabenfamilien finden und korrigieren.

→ Arbeitsheft, Seite 84

Aufgabenfamilien

1

House 1 (roof: 8, 6, 2):
6 + 2 = ___
2 + 6 = ___
8 − 2 = ___
8 − 6 = ___

House 2 (roof: 10, 7, 3):
7 + 3 = ___
___ + ___ = ___
10 − 3 = ___
___ − ___ = ___

House 3 (roof: 13, 9, 4):
___ + ___ = ___
___ + ___ = ___
___ − ___ = ___
___ − ___ = ___

House 4 (roof: ___, 5, 4):
5 + 4 = ___
___ + ___ = ___
9 − ___ = ___
___ − ___ = ___

House 5 (roof: 12, ___, ___):
10 + 2 = ___
___ + ___ = ___
12 − ___ = ___
___ − ___ = ___

House 6 (roof: 15, ___, ___):
8 + 7 = ___
___ + ___ = ___
15 − ___ = ___
___ − ___ = ___

2

House 7 (roof: ___, ___, ___):
7 + 0 = ___
___ + ___ = ___
___ − ___ = ___
___ − ___ = ___

House 8 (roof: ___, ___, ___):
___ + ___ = ___
5 + 14 = ___
___ − ___ = ___
___ − ___ = ___

House 9 (roof: ___, ___, ___):
___ + ___ = ___
___ + ___ = ___
16 − 9 = ___
___ − ___ = ___

3 Schreibe Aufgabenfamilien.

Roof 1: ___, 9, 9
Roof 2: ___, ___, 7
Roof 3: 17, ___, ___

1, 2 Alle Aufgaben ergeben sich aus den vorgegebenen Zahlen im Dach eines Hauses. Die drei Zahlen im Dach lassen sich aus jeder einzelnen Aufgabe einer Familie ableiten.   3 Im Heft lösen, als Päckchen ohne Dach. Für die letzten beiden Häuser gibt es mehrere Möglichkeiten.

→ Arbeitsheft, Seite 84

Zauberdreiecke

○ 1

○ 2

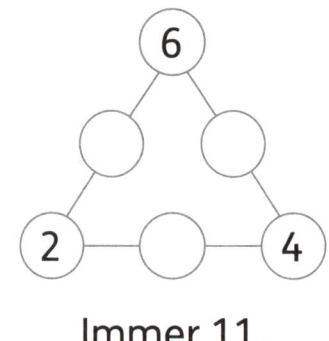

Immer 10.　　　　　　　Immer 11.　　　　　　　Immer 12.

○ 3

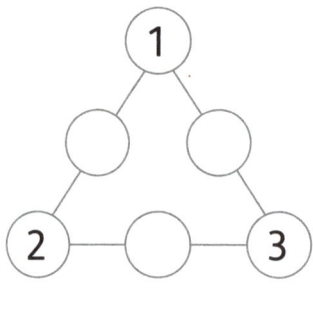

Immer 10.　　　　　　　Immer 11.　　　　　　　Immer 12.

○ 4

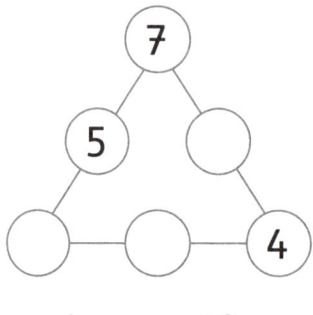

Immer 12.　　　　　　　Immer 13.　　　　　　　Immer 14.

Zauberdreiecke

1

Hier fehlt die Zauberzahl.

Ich rechne sie aus: 2 + 10 + 5 = ____.

Immer ____.

2

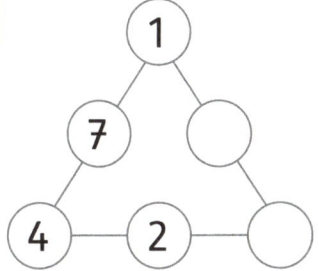

Immer ____.

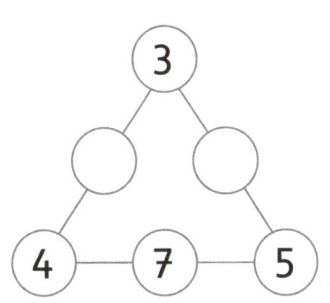

Immer ____.

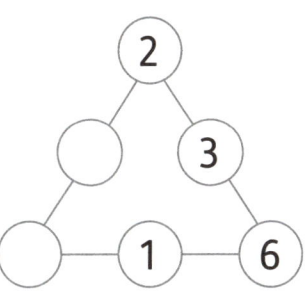

Immer ____.

3 Löse durch Probieren.

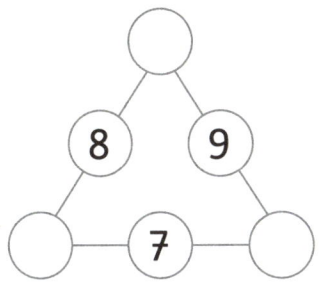

Immer 12.

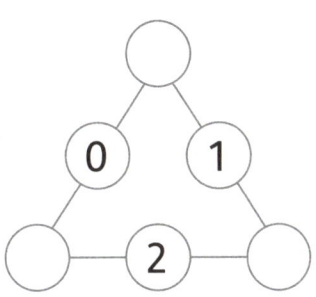

Immer 13.

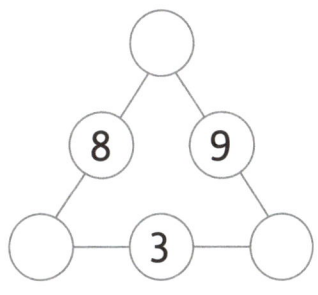

Immer 14.

4 Bilde Dreiecke mit den Zauberzahlen 15, 16, 17 und 18.

Jede Zahl darf in einem △ nur einmal vorkommen.

1, 2 Zunächst die Zauberzahl und dann die anderen fehlenden Zahlen berechnen. **3, 4** Aufgaben durch Probieren mit den Zahlenkarten lösen. **3** Es werden nur die Zahlenkarten von 0 bis 9 benötigt. **4** Es dürfen nur die Zahlenkarten von 1 bis 9 verwendet werden.

→ Arbeitsheft, Seite 85

Zahlenmauern

1 Rechne und beschreibe.

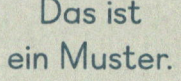 Das ist ein Muster.

2

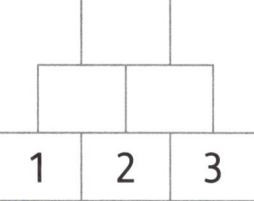
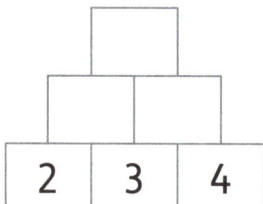
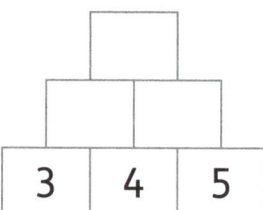
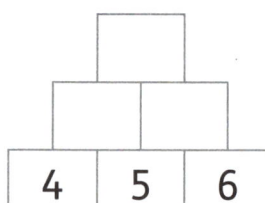

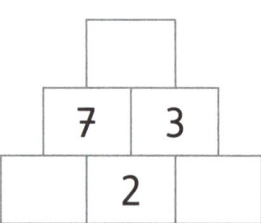
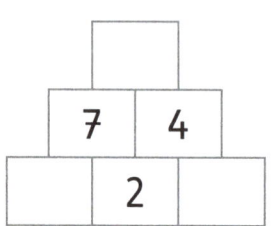
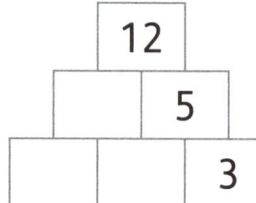

3 Finde verschiedene Zahlenmauern.

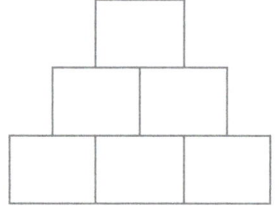
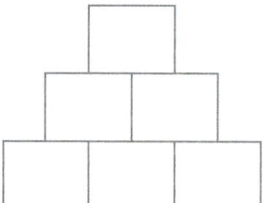
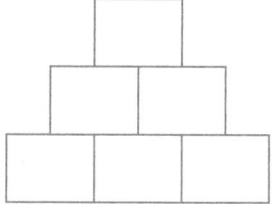
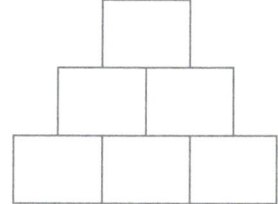

4

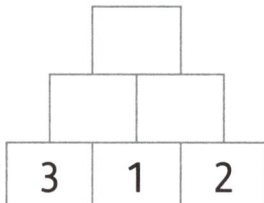
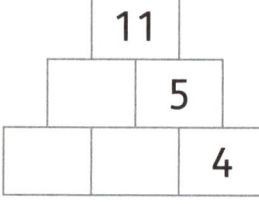
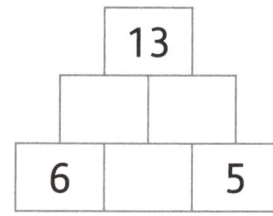

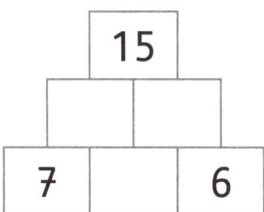
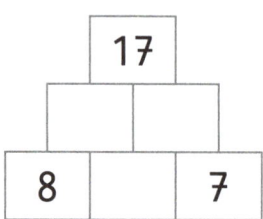
 Ich weiß, wie es weitergeht.

1 Vorgehensweise bei Zahlenmauern mit drei Stockwerken besprechen. Die arithmetischen Muster in den Mauern beschreiben.
2 Zahlenmauern lösen. Auf Muster in den Mauern hinweisen.   3 Eigene Zahlenmauern (ggf. mit Mustern) finden.
4 Muster erkennen und fortführen.

→ Arbeitsheft, Seite 86

Zahlenmauern

○ 1 Ich fange mit der größten Zahl an. Sie muss in die ____ Reihe.

Ich beginne mit der kleinsten Zahl. Sie muss …

○ 2 Legt Zahlenmauern.

| 7 | 6 | 4 | | 7 | 9 | 6 | | 9 | 11 | 2 |
| 5 | 13 | 2 | | 4 | 2 | 15 | | 17 | 4 | 6 |

| 3 | 1 | 13 | | 2 | 4 | 6 | | 7 | 19 | 10 |
| 2 | 10 | 8 | | 8 | 10 | 16 | | 2 | 8 | 9 |

● 3 Legt Zahlenmauern. Welche Karte bleibt übrig?

| 9 | 3 | 6 | 1 | 10 | 3 | 8 | 12 | 8 | 3 | 6 | 9
| 4 | 16 | 7 | | 5 | 18 | 7 | | 11 | 13 | 20 |

● 4 Legt Zahlenmauern. Welche Karte fehlt?

Findet ihr mehrere Lösungen?

7, 3, 15, 8, 4

2, 14, 6, 4, 8

8, 5, 14, 1, 13, 4

Kombinieren

1 Der Rabe macht ein Foto von seinen 3 Freunden.
Wie können sie sich nebeneinander stellen?

2 Welche Möglichkeiten hast du, die Steckwürfel anzuordnen? Färbe.

Du hast:

  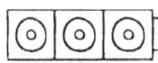

Du hast:

   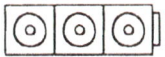 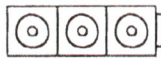 

Du hast:

    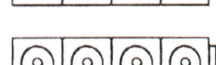 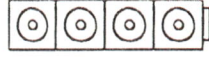

3 Du hast: Die blauen Steckwürfel sollen nebeneinander liegen.

     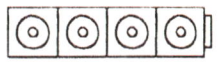 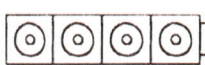

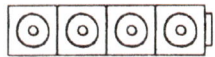  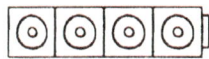

Du hast: Die blauen Steckwürfel sollen nicht nebeneinander liegen.

    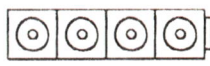 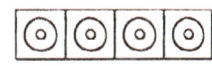 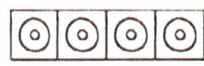

1–3 Aufgaben zur Kombinatorik handelnd und zeichnerisch lösen. 1 Die Situation in der Klasse nachspielen.
2, 3 Die verschiedenen Möglichkeiten mit Steckwürfeln nachbauen.

→ Arbeitsheft, Seite 88

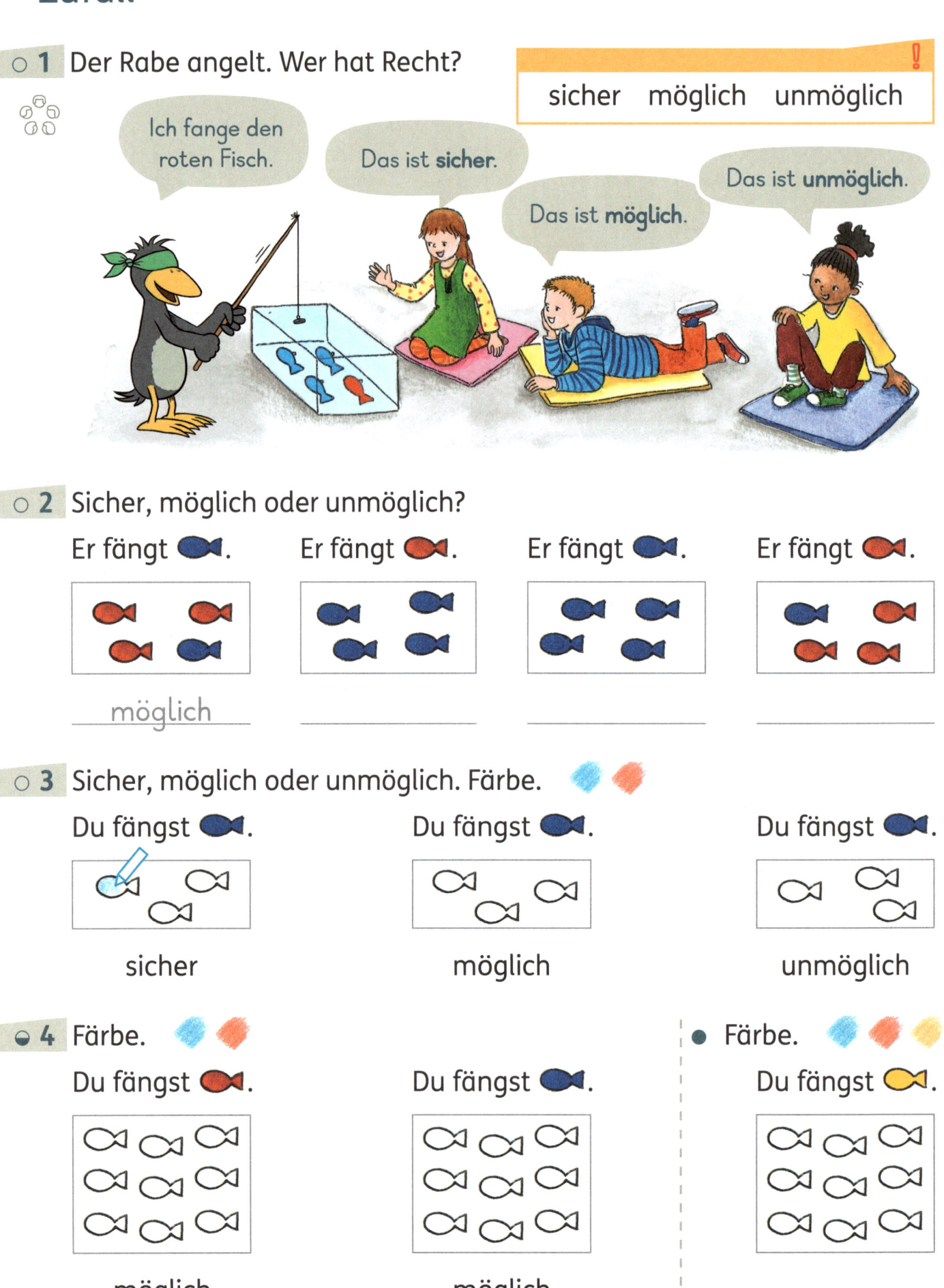

Zufallsversuche

1 Anton und Paula werfen das Wendeplättchen 20-mal.
Wer wird wohl gewinnen?

2 Werft 20-mal ein Wendeplättchen. Spielt 3 Runden.

1. Runde: 2. Runde: 3. Runde:

20 Würfe	
🔵	🔴

20 Würfe	
🔵	🔴

20 Würfe	
🔵	🔴

Was stellt ihr fest? _____

3 Werft jetzt immer 2 Wendeplättchen.

1. Runde: 2. Runde: 3. Runde:

20 Würfe		
🔵🔵	🔵🔴	🔴🔴

20 Würfe		
🔵🔵	🔵🔴	🔴🔴

20 Würfe		
🔵🔵	🔵🔴	🔴🔴

Was wird besonders häufig geworfen?   • Warum ist das so?
Kreuzt an und vergleicht in der Klasse.   Begründe.

Die Uhrzeit

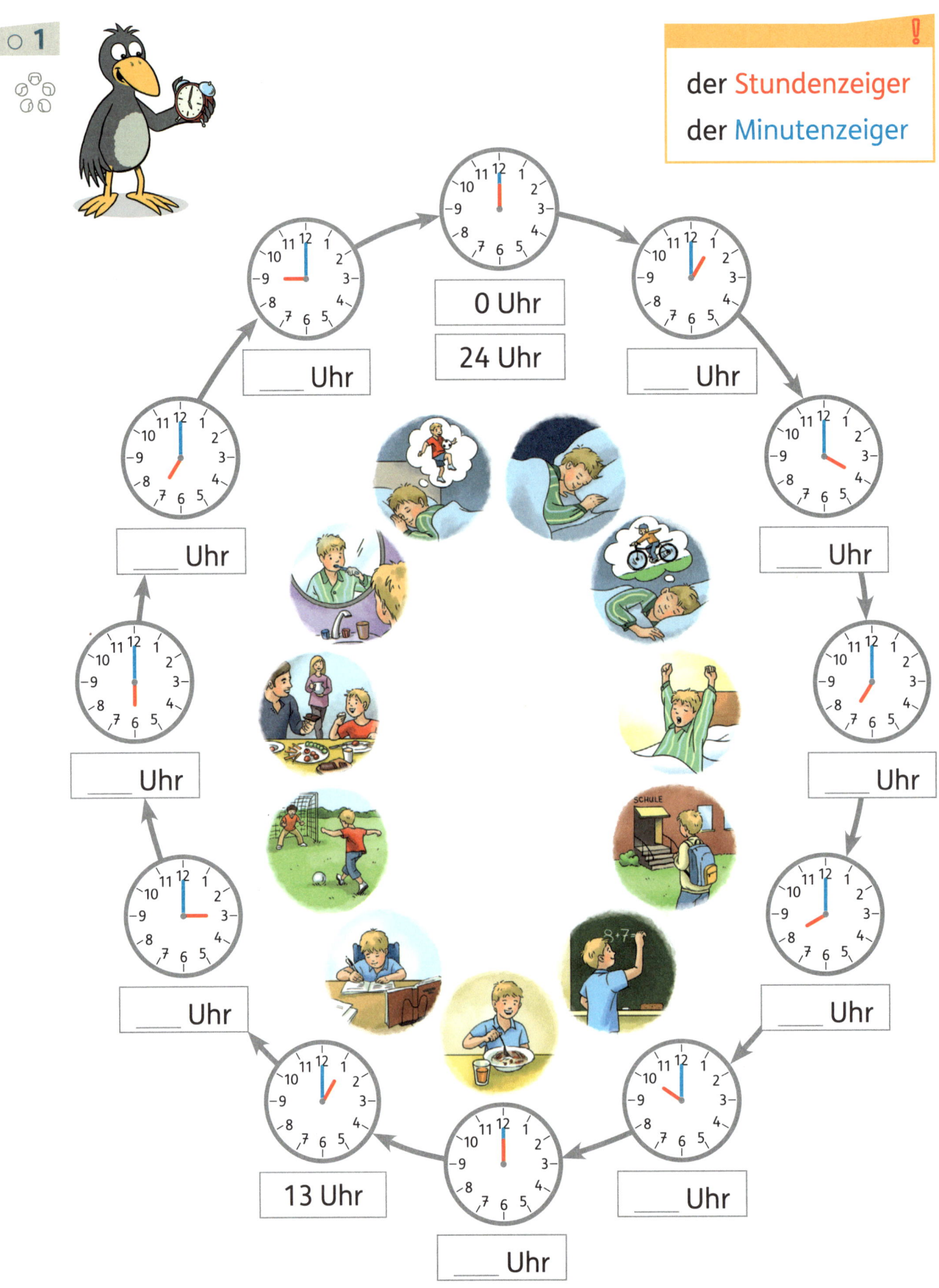

124

Die Uhrzeit

○ 1

○ 2 Zeichne die Uhrzeiten ein.

● 3 Wie spät könnte es sein?

1 Über Uhrzeiten im Alltag reden. 2 Uhrzeiten (volle Stunden) einzeichnen. 3 Uhrzeiten mit Tageszeiten und Aktivitäten in Verbindung bringen, einzeichnen und Uhrzeit notieren.

→ Arbeitsheft, Seite 90

Der Kalender

1   1 Jahr = 12 Monate   1 Woche = 7 Tage

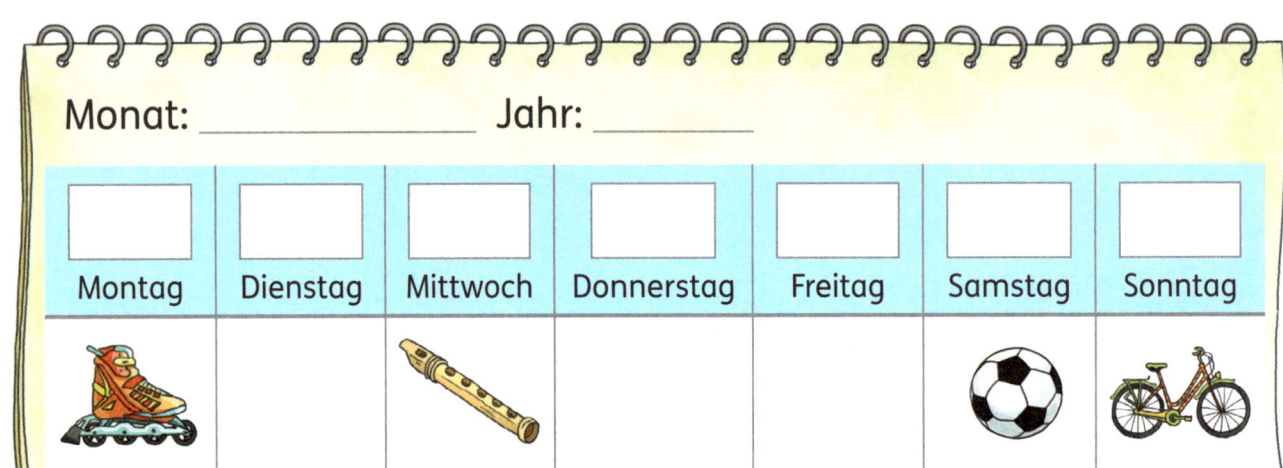

2 Wie heißen die fehlenden Tage?

Dienstag → Mittwoch → Donnerstag → _____

_____ → Montag → _____ → Mittwoch

_____ → _____ → _____ → Dienstag

3 Schau in den Kalender.

	heute	morgen	übermorgen
Wochentag			

	vorgestern	gestern	heute
Wochentag			

4 Heute ist _____, der _____.

In 2 Tagen ist _____, der _____.

In 7 Tagen ist _____, der _____.

Vor 3 Tagen war _____, der _____.

Vor 14 Tagen war _____, der _____.

Mit Fragen arbeiten

1 Welche Fragen passen zum Bild? Kreuze sie an und antworte.

☐ Was ist am teuersten?

☐ Wie alt ist Ronja?

☐ Wie viel Geld hat Ronja?

☐ Ronja möchte zwei Geschenke kaufen. Welche kann sie kaufen?

2 Welche Fragen passen zum Bild? Kreuze sie an und antworte.

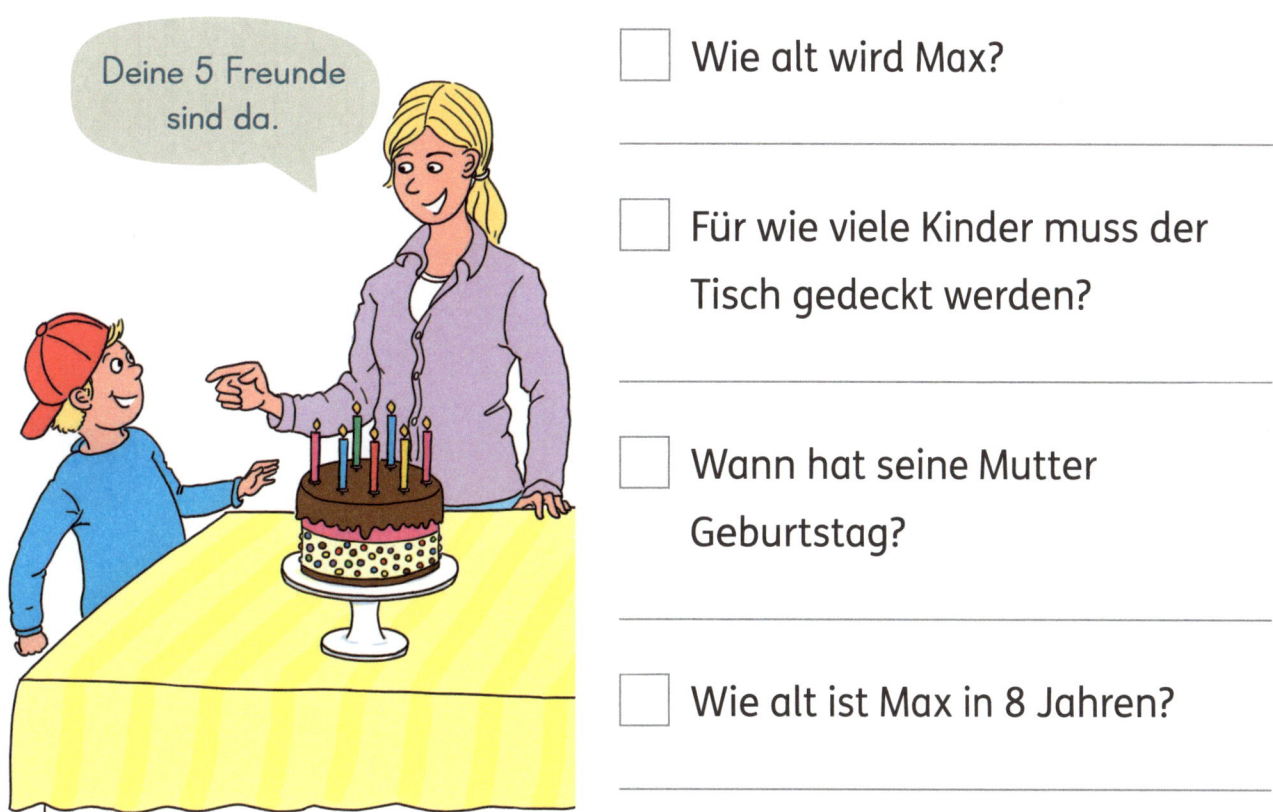

☐ Wie alt wird Max?

☐ Für wie viele Kinder muss der Tisch gedeckt werden?

☐ Wann hat seine Mutter Geburtstag?

☐ Wie alt ist Max in 8 Jahren?

1, 2 Entscheiden, welche Fragen beantwortet werden können und welche aufgrund fehlender Information nicht.
1 Auf die letzte Frage gibt es unterschiedliche Antwortmöglichkeiten.

→ Arbeitsheft, Seite 91

Mit Skizzen arbeiten

1

Mira hat 4 Murmeln.
Anja hat 2 Murmeln mehr.
Wie viele Murmeln haben sie zusammen?
Sie haben zusammen ____ Murmeln.

2 Wie viele Murmeln haben die Kinder zusammen?

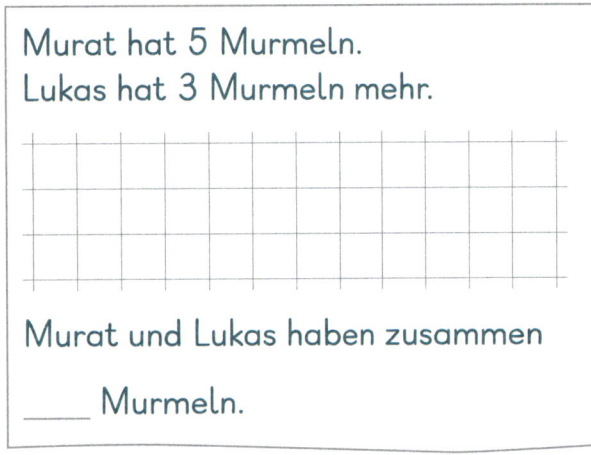

Murat hat 5 Murmeln.
Lukas hat 3 Murmeln mehr.

Murat und Lukas haben zusammen ____ Murmeln.

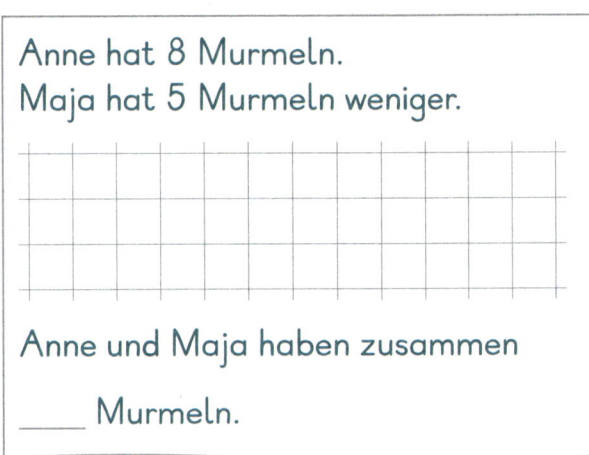

Anne hat 8 Murmeln.
Maja hat 5 Murmeln weniger.

Anne und Maja haben zusammen ____ Murmeln.

3 Wie alt ist jedes Kind?

Jan ist 3 Jahre alt.
Merle ist 1 Jahr älter als Jan.
Aaron ist 2 Jahre älter als Merle.

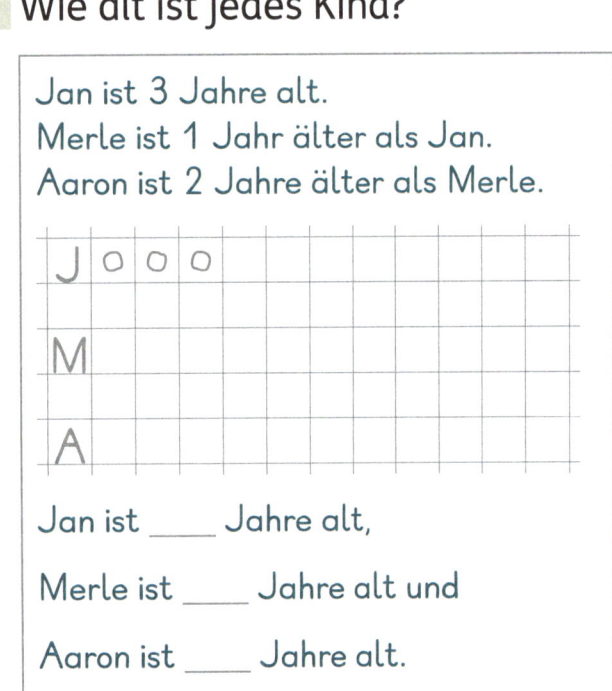

Jan ist ____ Jahre alt,
Merle ist ____ Jahre alt und
Aaron ist ____ Jahre alt.

Luis ist 6 Jahre alt.
Julia ist 3 Jahre jünger als Luis.
Dana ist 5 Jahre älter als Julia.

Tom ist 4 Jahre jünger als David.
David ist 3 Jahre älter als Ina.
Ina ist 7 Jahre alt.

Ben ist 3 Jahre älter als Mia.
Mia ist 5 Jahre alt.
Jonas ist halb so alt wie Ben.

Mit Gleichungen arbeiten

1

Jannis hat jetzt ____ €.

12 − 5 = ____

Lara hat noch ____ Ballons.

12 + 5 = ____

Lisa hat 12 schmale und 5 breite Freundschaftsbänder.

Insgesamt hat sie ____ Armbänder.

Karim stellt fest:
Von 12 Ferientagen sind schon 5 vorbei.

Karim hat noch ____ Tage frei.

2

Simon hat 20 €.
Er möchte 2 Karten für Kinder kaufen.
Wie viel Geld bleibt übrig?

```
  6 € +
 20 € −
```

Es bleiben ____

Erlebnisbad

Erwachsener 8 €
Kind   6 €
Familie   25 €

Er möchte eine Karte für sich und 2 Karten für seine Eltern kaufen.
Wie viel muss er bezahlen?

---

1 Bilder, Skizzen und Aufgaben den Gleichungen zuordnen und lösen.   2 Textaufgaben lösen. Einen passenden Antwortsatz zur Frage notieren.

→ Arbeitsheft, Seite 93

Die Zehnerzahlen

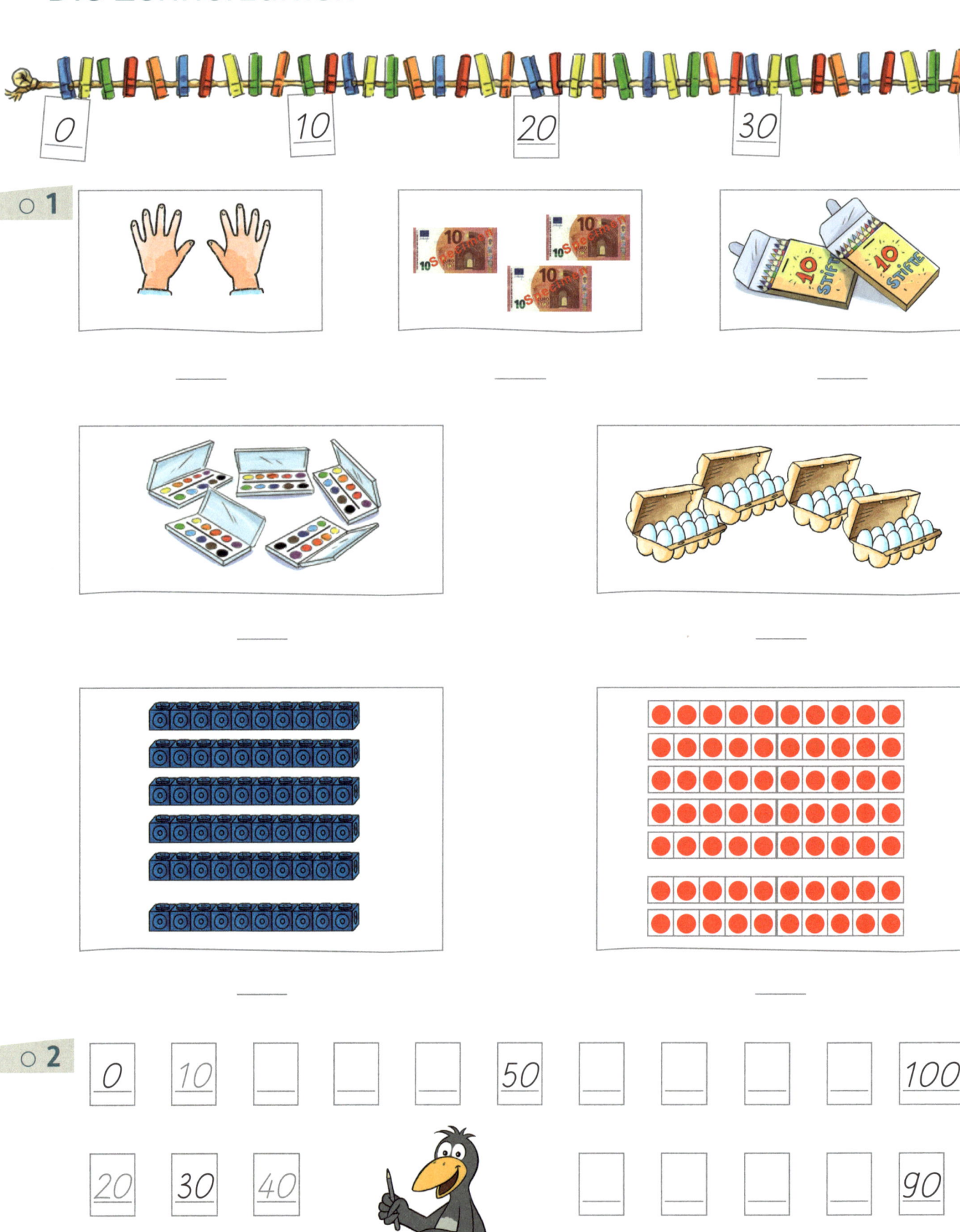

130 Die Zehnerzahlen von 0 bis 100 kennenlernen, dazu die Klammernkette besprechen. **1** Zehnerzahlen eintragen und weitere Zehnerpäckchen im Klassenzimmer suchen oder bündeln lassen. **2** Zehnerzahlen eintragen.

→ Arbeitsheft, Seite 94

Mit Zehnerzahlen rechnen

○ 1

Ich denke an 2 + 3.

20 + 30 = ___   40 − 10 = ___

Ich denke an ___.

○ 2

50 + 20 = ___	30 − 20 = ___	30 + ___ = 90	___ − 80 = 10
70 + 10 = ___	70 − 50 = ___	60 + ___ = 60	___ + 40 = 70
40 + 50 = ___	40 − 40 = ___	100 − ___ = 40	___ − 70 = 30
10 + 80 = ___	90 − 80 = ___	80 − ___ = 30	___ + 20 = 80

○ 3 <, > oder = ?

10 < 20	100 ○ 90	60 ○ 50	80 ○ 70
20 ○ 10	90 ○ 100	40 ○ 70	70 ○ 80
50 ○ 40	30 ○ 30	90 ○ 30	90 ○ 60

○ 4

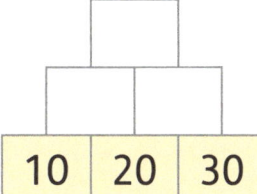 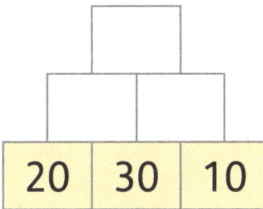 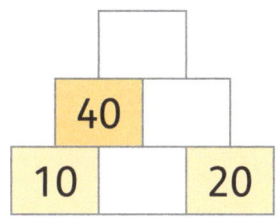 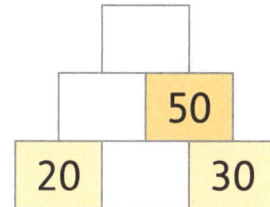

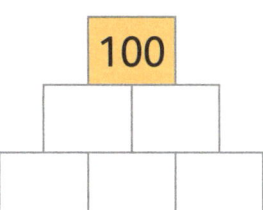 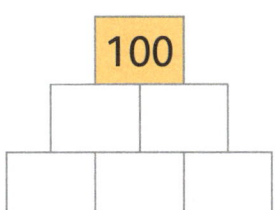 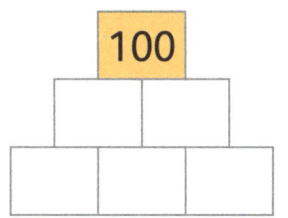 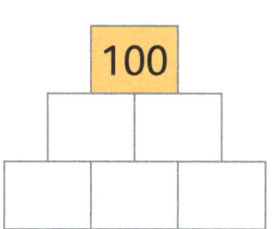

1, 2 Additions-und Subtraktionsaufgaben von Zehnerzahlen lösen. Dabei auf die analogen Aufgaben im Zahlenraum bis 10 achten. **3** Zehnerzahlen vergleichen und die Zeichen <, > und = nutzen. **4** Mit Zehnerzahlen in Zahlenmauern rechnen. In der unteren Reihe sind mehrere Lösungen möglich.

→ Arbeitsheft, Seite 94

Wiederholung

1

```
      9                    20                   14
   4    5               13    7              ___  ___

 4 + 5 = ___           13 + 7 = ___          8 + 6 = ___
 5 + ___ =             ___ + ___ =           ___ + ___ =
 9 - 5 = ___           20 - 7 = ___          14 - ___ =
 9 - ___ =             ___ - ___ =           14 - ___ =
```

2

15 Uhr   1 Uhr   5 Uhr   22 Uhr   8 Uhr

3 Welche Aufgabe ist es? Ordne zu und rechne.

Am See stehen 14 Bänke.
5 Bänke sind besetzt.

Es sind noch ___ Bänke frei.

Auf dem Schulhof sind
14 Jungen und 5 Mädchen.

Es sind zusammen ___ Kinder.

14 + 5 = ___   14 − 5 = ___

14 Hasen sind auf der Wiese.
Im Stall sind noch 5 Hasen.

Zusammen sind es ___ Hasen.

Tom holt 5 Bälle aus dem Regal.
Dort waren vorher 14 Bälle.

___ Bälle sind noch im Regal.

1 Aufgabenfamilien vervollständigen und ausrechnen. 2 Uhrzeiten miteinander verbinden. 3 Aufgaben den Gleichungen zuordnen und lösen.

→ Arbeitsheft, Seite 95

4 Setze die Zahlenfolgen fort.

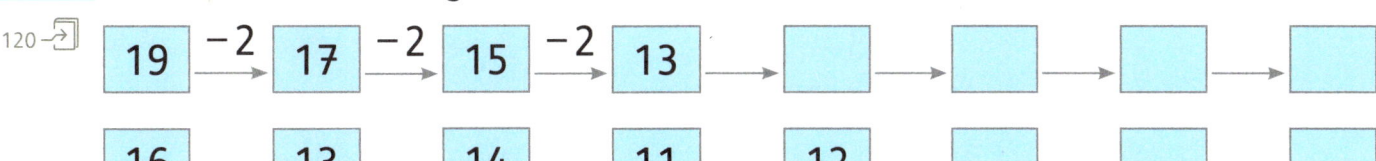

5

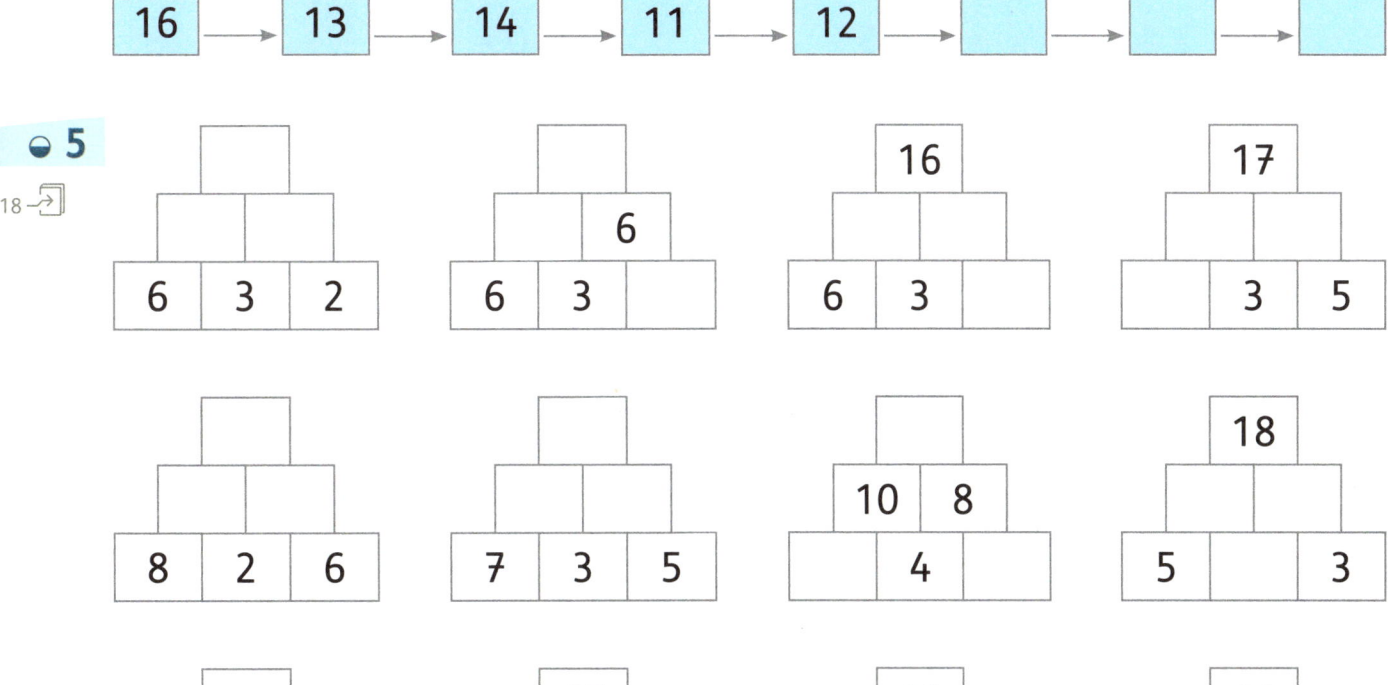

6 Wie alt ist jedes Kind?

Niklas ist 1 Jahr alt.	Naomi ist doppelt so alt wie Jule.
Ben ist halb so alt wie Mia und	Jule ist doppelt so alt wie David.
2 Jahre älter als Niklas.	Jule ist 4 Jahre alt.

Niklas ist ____ Jahre alt,

Ben ist ____ Jahre alt und

Mia ist ____ Jahre alt.

Jule ist ____ Jahre alt,

Naomi ist ____ Jahre alt und

David ist ____ Jahre alt.

4 Regelmäßigkeit der Zahlenfolgen erkennen und diese fortsetzen. Operatoren notieren. **5** Zahlenmauern vervollständigen. Dabei auf die Muster achten und diese fortsetzen. **6** Zu den Aufgaben Lösungsskizzen zeichnen und Aufgaben lösen.

→ Arbeitsheft, Seite 95

Rückblick

1

10 + 8 = ___	4 + 7 = ___	16 − 1 = ___	14 − 7 = ___
16 + 4 = ___	7 + 8 = ___	18 − 3 = ___	11 − 6 = ___
12 + 7 = ___	1 + 9 = ___	20 − 9 = ___	13 − 5 = ___
18 + 2 = ___	8 + 5 = ___	17 − 0 = ___	12 − 8 = ___

🔑 18 18 19 20 20   10 11 12 13 15   11 15 15 16 17   4 5 7 7 8

2

+	2	5	7
11	13		
13			

+	4	9	8
6			
9			

+	3		6
8	11		
7			14

−	4	0	5
16			
20			

−	6	8	7
14			
15			

−			8
12		3	
11	9		

3

12 + ___ = 18	9 + ___ = 12	15 − ___ = 11	14 − ___ = 6
16 + ___ = 19	5 + ___ = 14	17 − ___ = 14	11 − ___ = 4
13 + ___ = 15	8 + ___ = 16	12 − ___ = 12	13 − ___ = 9
14 + ___ = 20	7 + ___ = 15	16 − ___ = 15	16 − ___ = 8

🔑 1 2 3 6 6   3 7 8 8 9   0 1 3 4 5   4 7 8 8 9

4 Was kannst du für genau 17 Euro kaufen?

Finde verschiedene Möglichkeiten.

1 Additions- und Subtraktionsaufgaben lösen.   2 Additions- und Subtraktionsaufgaben in Tabellen lösen.
3 Platzhalteraufgaben lösen.   4 Preise miteinander kombinieren, um die angegebene Summe zu erreichen.
Als Additionsaufgaben im Heft notieren.

Knobeln mit Texten

1 Welchem Kind gehört welche Jacke?

Meine Jacke ist dreifarbig.

Meine Jacke hängt am Rand.

Meine Jacke hängt neben der blauen.

Ich habe keine rote Jacke.

2 Wer ist wer?

_____   _____   _____   _____   _____   _____

1. Ken und Eva tragen eine Brille.
2. Eva steht zwischen Ron und Tom.
3. Ira hat einen Hut auf.
4. Nina und Ron haben die Hände frei.

3 Welche Farben haben die Schnecken?

1. Die Schnecke rechts von der blauen Schnecke ist gelb.
2. Die Schnecke ganz links ist grün.
3. Die orange Schnecke ist zwischen der roten und der gelben Schnecke.
4. Die 4. Schnecke ist orange.

Basiswissen

Zahlen

1 Zehner = 10 Einer

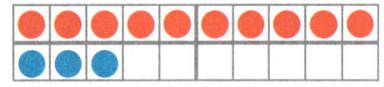

Z	E
1	3

13 = 10 + 3

Zahlen vergleichen

17 > 11

14 = 14

9 < 12

Rechnen

kleine Aufgabe nutzen

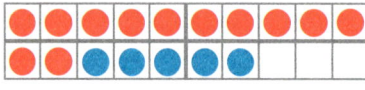

12 + 5 = 17

2 + 5 = 7

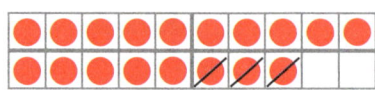

18 − 3 = 15

8 − 3 = 5

zuerst bis zur 10

6 + 7 = 13

6 + 4 = 10

10 + 3 = 13

14 − 6 = 8

14 − 4 = 10

10 − 2 = 8

Tauschaufgabe

3 + 8 = 11

8 + 3 = 11

Umkehraufgabe

14 − 8 = 6

6 + 8 = 14

Größen

18 Cent

18 Euro

9 Uhr

21 Uhr

Geometrie

Vierecke

Dreiecke

Kreis

Gebäude und Bauplan